La planificación eficaz de la educación cristiana

Enfoque bíblico y pastoral del ministerio educativo de la Iglesia

Fernando A. Cascante

ABINGDON PRESS / Nashville

LA PLANIFICACIÓN EFICAZ DE LA EDUCACIÓN CRISTIANA
ENFOQUE BÍBLICO Y PASTORAL DEL MINISTERIO EDUCATIVO DE LA IGLESIA

ISBN-13: 978-1-4267-0951-7

10 11 12 13 14 15 16 17 18 19–10 9 8 7 6 5 4 3 2 1
HECHO EN LOS ESTADOS UNIDOS DE NORTEAMÉRICA

Dedicatoria

Dedico este libro a mi padre Rodrigo y a mi madre Virginia, quienes me enseñaron desde mi infancia que el «principio de la sabiduría es el temor de Jehová».

Contenido

PREFACIO

Este libro constituye una reflexión sobre un tema de vital importancia para la vida de la iglesia y su misión en el mundo: la educación cristiana de las diversas generaciones que la conforman. Se nutre de mis años de experiencia como pastor en la iglesia y como profesor en instituciones de enseñanza pública y de educación teológica. En él resumo mi experiencia de trabajo como educador cristiano.

El propósito de este libro es crear conciencia sobre la importancia de que pastores y pastoras, líderes, y educadores de la iglesia asuman un mayor compromiso con la planificación de la educación cristiana. El ministerio educativo es fundamental para la preservación y desarrollo de la iglesia, para su obediencia al mensaje de Jesús y para su testimonio en el mundo. Por eso, su planificación debe asumirse con toda responsabilidad y realizarse de la mejor manera posible. El capítulo 1 está dedicado a conceptos y principios claves de la planificación aplicados a la educación cristiana. Los capítulos 2, 3 y 4 aplican cada una de las tres etapas del proceso de planificación (discernir, decidir, y evaluar), y sus respectivos pasos, al programa educativo general de la iglesia. Los capítulos 5, 6, 7 y 8 explican e ilustran cómo el proceso de planificación se aplica a la preparación de un encuentro educativo, término que utilizaré en lugar de «clase» o «lección». En la conclusión, menciono algunos de los desafíos más importantes que enfrentamos hoy en la educación cristiana y que requieren que asumamos con gozo y responsabilidad el ministerio educativo en la iglesia.

Al presentar este libro, mi primer palabra de agradecimiento es a Dios por haberme llamado a ser pastor y maestro dentro de su pueblo, la Iglesia. En segundo lugar, agradezco a los cientos de personas (en Centro América, México, el Caribe y en los Estados Unidos) de quienes, al enseñarles, he aprendido durante más de treinta años de trabajo como pastor, maestro y profesor. En tercer lugar, agradezco al Dr. Justo González por su invitación y motivación a escribir este libro y al comité editor de la Serie Ministerios de Abingdon, por su paciencia y flexibilidad para que pudiera completar el manuscrito en un tiempo según mis circunstancias de trabajo. Una palabra especial de agradecimiento para Daniel Bonilla Ríos quien, en solidaridad de amigo y hermano, tomó tiempo para revisar el manuscrito del libro. Con su ojo crítico, Daniel contribuyó a una lectura más ágil y de mejor comprensión del texto. Finalmente, mi gratitud profunda a mi esposa Xiomara, a mi hija Anayancy y a mi hijo David por su apoyo incondicional durante el proceso de completar el libro. Ellas son las personas con quienes más directamente he aprendido, en medio de nuestra convivencia diaria, la importancia de una educación cristiana que comienza en el hogar y continúa en la iglesia. Y es a esa educación cristiana que debe continuar en la iglesia a la que dedico las siguientes páginas. Lo hago en oración y con la esperanza de que el esfuerzo y la experiencia que este libro representa, sean de inspiración y guía para quienes enseñan y aprenden en seminarios e institutos bíblicos, y para todas aquellas personas que han sentido el llamado a servir en el ministerio educativo en sus iglesias.

Introducción

Por tanto, id, y haced discípulos a todas las naciones... enseñándoles
que guarden todas las cosas que yo os he mandado.
(Mateo 28:19a, 20a)

Tres cosas son centrales para entender la naturaleza y contenido de este libro. Primero, su enfoque es bíblico y pastoral. Segundo, el ministerio educativo es de suma importancia para la vida y misión de la iglesia. Tercero, la iglesia del siglo XXI tiene la urgente necesidad de desarrollar una planificación eficaz de la educación cristiana.

I. Enfoque bíblico y pastoral

En primer lugar, quiero indicar que el enfoque de este libro es bíblico. Como educador cristiano estoy convencido de que la Biblia, como norma de fe y conducta para nuestra vida y la vida de la iglesia, debe informar y guiar nuestra tarea de renovar el ministerio educativo de la iglesia. Ella no solo provee el contenido central que debe ser aprendido sino que es el fundamento para entender nuestro trabajo en la educación cristiana. Por eso, a través del libro, haremos referencia a pasajes bíblicos que iluminan los conceptos, principios y prácticas educativas que proponemos en cada capítulo.

En segundo lugar, el enfoque de este libro es pastoral. El libro busca iluminar la práctica y la experiencia de quienes ejercen o quieren ejercer el ministerio educativo en su iglesia, ya sea en el pastorado, en el liderazgo o en la enseñanza de escuela dominical. La obra presenta una serie de conceptos, principios y prácticas que son vitales en la planificación y realización de la enseñanza en la iglesia local, y que requieren estudio, análisis, reflexión, diálogo, trabajo en equipo de personas que sienten el mismo llamado y la misma pasión por la educación cristiana. En síntesis, el enfoque pastoral del libro invita a sus lectores a reflexionar sobre maneras diferentes y creativas de entender y hacer más eficaz el ministerio educativo en la iglesia.

II. EL MINISTERIO EDUCATIVO: SU IMPORTANCIA PARA LA IGLESIA

Las tres razones por las que considero crucial el ministerio educativo de la iglesia se pueden resumir en las siguientes tres palabras: continuidad, desarrollo y obediencia.

A. Continuidad

Si una iglesia no toma en serio su responsabilidad educativa, dejará de existir. Lo que los padres no enseñan a sus hijos, sus nietos nunca lo aprenderán. En su discurso de despedida, Moisés le recuerda al pueblo de Israel todos los mandamientos y estatutos que Jehová les había ordenado, y ordena a los padres enseñarlos constantemente a sus hijos e hijas (Dt 6:4-9), e inclusive a sus nietos y nietas (Dt 4:9). El sabio nos recuerda que debemos instruir sobre el temor de Dios a nuestros hijos e hijas durante su niñez para que, cuando lleguen a la edad adulta, continúen aún en su camino (Pr 22:6). Si a las nuevas generaciones no se les educa en la fe, serán otros los mensajes que marcarán sus vidas; no el mensaje de Jesús. En consecuencia, su presencia en las iglesias desaparecerá y la feligresía en ellas será de ancianos y ancianas añorando el pasado, subsistiendo en el presente y temiendo el futuro. Por ende, son cada vez más las congregaciones que están en esta situación de sobrevivencia o a punto de cerrar sus puertas. Una comunidad cristiana que no toma en serio la importancia de su ministerio educativo está condenada a desaparecer.

B. *Desarrollo*

Por otra parte, si la enseñanza de una iglesia es deficiente, sus miembros nunca alcanzarán la madurez cristiana. Si los líderes de una iglesia no desafían a sus miembros a crecer, a profundizar en el conocimiento de su fe y de su compromiso de servicio en el mundo, sus iglesias se convierten en agrupaciones de pasatiempo religioso. Según el apóstol Pablo, son miembros que seguirán siendo «niños en Cristo», bebiendo leche en lugar de comida sólida (1 Co 3:1-2). Hay iglesias que crecen en número, pero no en madurez espiritual ni en compromiso con el mensaje de Jesús. En muchos casos, el crecimiento es engañoso, mientras unas personas entran a la iglesia, otras salen buscando algo diferente. Además, cada vez más personas esperan de sus líderes enseñanzas sólidas y pertinentes a las realidades del diario vivir. Sólo una iglesia madura es capaz de crecer y asumir con responsabilidad y visión su tarea en el mundo.

C. *Obediencia*

La tarea de enseñar no es una opción para la iglesia, sino un mandato; enseñar es un asunto de obediencia a Jesús. Su último mandamiento a sus discípulos es claro: «Por tanto, id, y haced discípulos a todas las naciones... enseñándoles que guarden todas las cosas que yo os he mandado» (Mt 28:19a, 20a). Obedecer este mandato es responsabilidad de todos los hombres y todas las mujeres quienes han conocido las enseñanzas de Jesús y viven haciéndolas una realidad en sus vidas.

Los padres y las madres son los principales responsables de enseñar e instruir en la fe a sus propios hijos e hijas, como vimos en el mandato que dio Moisés a Israel. Cuando niño, José y María llevaban a Jesús todos los años al Templo en Jerusalén para la fiesta de la Pascua (Lc 2:41-42). El consejo apostólico que recibe Timoteo, destaca que no olvide la fe que «habitó primero» en su abuela Loida y en su madre Eunice (2 Tim 1:5). El testimonio bíblico es claro. La responsabilidad de compartir y nutrir la fe comienza en el hogar bajo la responsabilidad de las personas adultas encargadas de la niñez y la juventud bajo su cuidado. En la iglesia local los pastores y líderes tienen la tarea de enseñar a todos sus miembros que incluyen personas de todas las edades. Su función es enseñar y discipular a quienes siendo adultos deciden seguir a Jesús como su

Señor y Maestro. Son ellos quienes deben guiar a toda la congregación a alcanzar madurez cristiana. Así mismo, las personas maduras de la iglesia son también responsables de enseñar a las nuevas generaciones, con hechos y palabras, a obedecer todas las cosas que Jesús ha mandado.

De la obediencia a este mandato depende la vida de la iglesia, su continuidad y su desarrollo en el mundo. Más importante aún, en la obediencia a este mandato la iglesia demuestra su fidelidad al mensaje de vida que Jesús trajo para toda la humanidad y toda la creación. Una comunidad cristiana que no enseña, que no hace discípulos, no es fiel a su Señor ni cumple con su misión. En síntesis, una iglesia que no ejerce su ministerio educativo, se encamina a la extinción, se torna irrelevante en la sociedad y, niega su razón de ser en el mundo.

III. PLANIFICACIÓN EFICAZ: UNA NECESIDAD URGENTE EN LA IGLESIA HOY

Hay tres razones por las que considero necesaria y urgente una planificación estratégica para el ministerio educativo en la iglesia hoy. La primera tiene que ver con los cambios en la estructura y función de la familia, la segunda con la falta de capacitación adecuada de quienes están a cargo del ministerio educativo, y la tercera tiene que ver con el poco involucramiento directo de los pastores y pastoras en la planificación de la educación cristiana en sus iglesias.

A. La estructura y función de la familia está cambiando

La realidad familiar en la que crecen la niñez y la juventud hoy es muy diferente a la realidad en la que crecieron las personas adultas que integran y sirven en las iglesias. Cada vez menos padres y madres asumen su responsabilidad de educar a sus hijos e hijas en la fe. Las causas son variadas. Las presiones económicas obligan a ambos padres a trabajar muchas horas fuera del hogar. Otras veces, se ven limitados por la falta de conocimiento de su propia fe, y por su poca participación en la vida de sus iglesias. En otros casos, los padres mismos se han dejado llevar por estilos de vida incompatibles con el mensaje de Jesús, influenciados por una cultura que promueve el consumismo y el individualismo. Por otro lado, cada vez son más los hogares en los que, por distintas razones, la figura del padre, o de la madre, o de ambos, están ausentes. Así, los padres han cedido o delegado su rol educativo a lo que pueda hacer la iglesia a través de su ministerio educativo. Desafortunadamente, mucha de la instrucción que reciben las nuevas generaciones en el hogar, proviene de fuentes como la televisión y el Internet, con poca o ninguna relación con el mensaje de Jesús.

Fuera de la familia, y de la iglesia, no podemos contar con otra institución que, intencional y gratuitamente, eduque a las nuevas generaciones en la fe cristiana. Esta realidad hace urgente que el liderazgo de la iglesia planifique un programa de educación cristiana que responda a la realidad que vive la gente en nuestras comunidades, y que capacite e involucre a los padres o adultos en dicha educación.

B. Falta capacitación en el liderazgo

Un problema serio en muchas iglesias es que las personas encargadas de la educación cristiana tienen poca o ninguna capacitación en el área educativa y la bíblico-teológica. Ellas reconocen la importancia de la educación cristiana y se sienten llamadas a servir en la iglesia. Son personas con buena voluntad y buenas intenciones, y tratan de hacer lo mejor que pueden con base en su propia experiencia y en la poca instrucción que reciben del liderazgo congregacional. Por lo general, sus esfuerzos se concentran en buscar materiales de educación cristiana que sean atractivos y fáciles de usar, muchas veces sin considerar su contenido bíblico y teológico. Sin embargo, planificar el ministerio educativo en la iglesia requiere más que encontrar materiales para los maestros y alumnos; demanda más que proveer de papel, lápices de colores, tijeras o de equipo audio-visual a quienes enseñan en la escuela dominical.

Cuando existe, la capacitación que se ofrece a maestras y maestros es limitada e infrecuente. Por ello, repiten el modelo que todos conocemos por experiencia: el modelo de «escuela». Este modelo ya no es atractivo ni para pequeños ni para grandes. Al igual que la experiencia de escuela pública, la escuela dominical nos hace recordar aulas, mesas, sillas, papel y lápiz, y una persona en frente de nosotros. Los métodos de enseñanza que se utilizan son típicamente pasivos, en los que el maestro es el que más habla, en los que la maestra es la única que decide qué y cómo se debe aprender, y en los que alumnos y alumnas lo que más usan son sus oídos. Estudios congregacionales recientes indican que, en la mayoría de las iglesias protestantes, la asistencia a la escuela dominical disminuye conforme las personas pasan de la niñez a la adolescencia y de la adolescencia a la edad adulta. Este modelo tradicional de «escuela» que predomina en la manera de impartir la educación cristiana es, en buena medida, responsable de ello.

C. Poco involucramiento pastoral

En tercer lugar, en muchas iglesias el liderazgo pastoral y laico está involucrado mínimamente en la organización y planificación de la educación cristiana. Así, quienes se supone son las más preparadas bíblica y teológicamente dejan de contribuir y velar por el buen funcionamiento del ministerio educativo de sus iglesias. Además, cuando los líderes y pastores no se involucran en la educación cristiana, alimentan la creencia de muchas personas que lo indispensable para su crecimiento y desarrollo espiritual es participar de la adoración y escuchar el sermón en el culto el día domingo. Esta actitud, en muchos casos, reduce la educación cristiana a un «asunto de niños» y se considera el culto una actividad «sólo para adultos». Se olvida que el culto mismo debe ser un espacio inter-generacional de educación en la fe en el que personas de todas las edades comparten la adoración, la predicación, las oraciones y todas las prácticas litúrgicas que confirman y nutren nuestra fe.

IV. Conclusión

Por todo lo antes dicho, es importante y urgente que el liderazgo pastoral invierta más tiempo, energía y recursos en la planificación de la educación cristiana. Los capítulos siguientes invitan a repensar la manera de entender y practicar la educación cristiana en la iglesia; a transformar la manera de planificar y realizar la educación cristiana, partiendo de una renovada manera de entender su importancia y urgencia para la iglesia hoy. Son una invitación a sopesar, a través de la oración, reflexión y diálogo, el valor y utilidad de los conceptos, prácticas y principios educativos que aquí comparto. Este libro es una invitación a ejecutar el último mandato que Jesús dio a sus discípulos, y a todos sus seguidores y seguidoras de todos los tiempos y lugares.

1

La planificación eficaz de la educación cristiana

Aunque en el caso de músicos, actores y actrices la improvisación puede ser un arte y hasta una virtud, para quienes enseñamos puede ser un mal hábito, un vicio. En el caso particular de la educación cristiana, la improvisación es un vicio si nos acostumbramos a hacer las cosas «a ver qué sale», con la inaceptable excusa «de por sí es para el Señor», o, peor aún, «de por sí se trata de niños y niñas pequeños que sólo basta entretener». Algunos justifican la irresponsabilidad de pararse frente a un grupo sin la suficiente preparación diciendo: «El Espíritu me hará saber qué habré de decir», mal interpretando el texto del evangelio de Juan (Jn 16:13). Es cierto, Jesús prometió a sus discípulos que el Espíritu los guiaría. No obstante, los educó casi tres años antes de enviarlos a predicar y a enseñar. Jesús mismo, al iniciar su ministerio, ya había hecho su estudio y preparación: conocía su cultura, había estudiado los problemas de su pueblo y conocía las Escrituras de memoria (véase Lc 4:4, 8 y 12). Además de contar con la presencia del Espíritu Santo en su vida (Lc 4:14,18), Jesús tenía un plan: recorrer ciudades y aldeas, enseñar en las sinagogas, predicar el evangelio del reino, y sanar toda dolencia y enfermedad en el pueblo (Mt 9:35).

Lo contrario a la improvisación es la planificación. En la introducción expliqué por qué la planificación es de vital importancia en el ministerio educativo de la iglesia. El propósito de este capítulo es explicar qué es la planificación eficaz de la educación cristiana y cuál es su significado para la tarea educativa de la iglesia.

I. Tres conceptos básicos: Planear, plan y planificación

Antes de ofrecer mi concepto de planificación eficaz para la educación cristiana en la iglesia, considero importante clarificar tres conceptos muy relacionados entre sí, pero también distintos. Ellos son planear, plan y planificación. Analicémoslos en ese orden.

A. Planear

Planear es la acción de decidir con anticipación los pasos a seguir para realizar un trabajo en el futuro, basado en las experiencias y los conocimientos pasados, con el propósito de lograr metas y objetivos previamente determinados.

Planear es una acción que se realiza, en el presente, con una *visión* de lo que se quiere lograr en el futuro, sea a corto, mediano, o largo plazo. Es una acción que toma en cuenta lo que se ha vivido, dicho y hecho en el pasado, sea algo reciente, cercano o muy lejano en el tiempo. Ese pasado es la *tradición*, o conjunto de valores y creencias que heredamos. En el acto de planear se conjugan pasado, presente y futuro, como se ilustra en el diagrama 1.

Diagrama 1. Planear una acción en el presente que asume el pasado y se proyecta al futuro

B. Plan

Un plan es el producto final del acto de planear el cual resume y organiza, generalmente en forma escrita, las acciones concretas que una persona o grupo de personas han determinado como necesarias para lograr ciertas metas y objetivos.

Se trata, pues, de un documento que se produce antes de realizar un trabajo y que sirve de guía para la coordinación, ejecución, supervisión y evaluación de las tareas necesarias para completarlo. Puede ser tan corto y simple como una lista de actividades escritas a mano en una hoja, o tan extenso y complejo como un documento impreso de decenas de páginas. Un *plan* es el resultado de un proceso de reflexión (el acto de planear) orientado a la acción (para lograr ciertas metas u objetivos). En un plan, las acciones que se ha decidido realizar se organizan y diseñan de acuerdo a las respuestas que se dan a las siguientes preguntas: ¿por qué?, ¿qué?, ¿quién?, ¿dónde?, ¿cuándo?, ¿cómo?, y ¿con qué? Las respuestas a estas preguntas constituyen el contenido de un plan educativo, se trate de un encuentro educativo o de todo el programa educativo de una congregación.

C. Planificación

De manera general, *la planificación es el proceso por el cual se deciden acciones futuras (acto de planear) que da origen a un documento escrito (plan), el cual sirve para dirigir, coordinar, supervisar, y evaluar la realización de dichas acciones.*

En la planificación se integran la acción de *planear* con el *plan* que resulta de ella (ver diagrama 2). El acto de planear por sí solo no es suficiente para que haya planificación. Debe producirse un plan escrito, que resuma lo planeado y que oriente la realización del trabajo y el logro de las metas y objetivos planteados. En la planificación debe existir una estrecha relación entre el plan escrito y las actividades educativas a realizar. Debe existir congruencia entre lo planificado y lo que se hace. Sin esta congruencia no existe verdadera planificación.

Diagrama 2. Planificación como integración de los conceptos
planear y plan

Un problema común en algunas iglesias es que se deja a discreción de los maestros y las maestras hacer lo que cada quien pueda, sin la adecuada coordinación ni supervisión; y sin tiempo para la evaluación. Es común encontrar maestros y maestras utilizando materiales de enseñanza que no guardan relación con lo que es primordial en la tradición de su iglesia, o con las necesidades e intereses de sus alumnos y alumnas. Aunque la iglesia provea materiales y recursos educativos a los maestros y maestras de escuela dominical o de estudio bíblico, ello no significa que haya habido planificación alguna, ya que ocurre una falta de visión en su trabajo.

II. Planificación eficaz

Cualquier diccionario define *eficaz* como todo aquello que produce los efectos o resultados que se esperan. Pero en el campo de la educación, y de la educación cristiana en particular, no hay fórmulas mágicas que garanticen resultados, y menos a corto plazo. En primer lugar, lo que alumnos y alumnas aprenden depende de muchos factores: del trabajo que realiza el maestro o la maestra, del esfuerzo e interés de quienes aprenden, del apoyo y la preocupación de los adultos a su alrededor, y de los recursos institucionales disponibles. Segundo, los resultados de los procesos educativos toman tiempo, a veces años e, incluso, toda la vida. Saber más es siempre posible; hacer más será siempre necesario; ser más y mejor es, y siempre será, la máxima vocación humana. Por lo tanto, los resultados de toda actividad educativa serán siempre parciales, sujetos a ser ampliados y perfeccionados. En lo que respecta a la educación cristiana, llegar a «la medida de la estatura de la plenitud de Cristo» (Ef 4:13b) es una meta permanente en la vida de los creyentes. Discernir cuál es la «agradable y perfecta» voluntad de Dios, vivir esa voluntad y manifestarla en su misión en el mundo, son tareas educativas permanentes, cuyos resultados serán siempre parciales e imperfectos, aunque estén orientados a la manifestación plena del reino de Dios en la tierra.

Para hablar de *planificación eficaz* de la educación cristiana, debemos considerar otros criterios como son la *vocación* de las personas que planifican y la *calidad* del proceso mismo de planificación (ver diagrama 3).

Diagrama 3. Dos criterios de la planificación eficaz de la educación cristiana

A. Vocación

Una planificación eficaz de la educación cristiana requiere que quienes planifican vean su trabajo como una *vocación*, un llamado a servir a Dios y al prójimo. Quienes funcionan como líderes del programa educativo o como maestros y maestras de escuela dominical deben tener la convicción de que su labor es un servicio que contribuye a la edificación de la vida y misión de la iglesia. Ser maestro o maestra es un «ministerio» tan importante como el de ser apóstol, profeta, evangelista o pastor. Es uno de los «ministerios» que Jesús mismo constituyó para el desarrollo y perfeccionamiento de los santos (Ef 4:11-12). Por ello, no se debe subestimar o tomar livianamente la función de enseñar en la iglesia. La enseñanza fue central en el ministerio de Jesús, como también en su último mandato: ir, hacer discípulos, enseñándoles todo lo que él nos ha mandado. La educación cristiana es el «ministerio educativo de la iglesia», un servicio a personas de todas las edades, para gloria de Dios y testimonio en el mundo; es un llamado de Jesús a que sirvamos en la misión que él mismo comenzó y nos encargó que continuáramos. La planificación eficaz de la educación cristiana comienza con la convicción del llamado a servir del líder, del maestro, de la maestra.

B. Calidad del proceso de planificación

La calidad de la educación cristiana aumenta en la medida en que las personas responsables de ella saben cómo planificar y, por su vocación, le dedican tiempo, energía y estudio. Sin embargo, es difícil encontrar personas en una congregación que sepan planificar programas educativos o actividades de enseñanza. Muchas congregaciones no ofrecen de manera regular programas de capacitación para sus líderes y maestros. Lamentablemente, en muchas ocasiones, la búsqueda de personas para enseñar en la escuela dominical se hace minimizando las responsabilidades que hay que asumir y hasta subestimando al estudiantado. Les dicen: «No tiene que cambiar su rutina; realmente no toma mucho tiempo prepararse»; «¡Es fácil! Todo lo que hay que hacer está en el libro del maestro»; «Es asunto de mantenerlos ocupados con historias, cánticos y juegos mientras termina el culto». ¡Nada más apartado de la realidad! Jesús tomó tiempo para prepararse antes de salir a enseñar, predicar y sanar. Él capacitó a sus discípulos antes de enviarlos a hacer lo mismo. Jesús nunca negó los sacrificios que tienen que hacer quienes quieren seguirle (Lc 14:25-33), y quienes dirigen la educación cristiana tampoco deben hacerlo. Enseñar puede verse como algo simple, pero nunca será algo fácil. Planear una clase no tiene que ser complicado, pero siempre demandará tiempo, sacrificio, estudio y creatividad.

C. El proceso de planificación

Es de suma importancia que quienes sienten el llamado a servir en la educación cristiana conozcan en qué consiste el proceso de planificación. Para facilitar su comprensión, he dividido el proceso en tres etapas y diez pasos (ver diagrama 4). En orden consecutivo, las etapas son: discernir, decidir, evaluar.

La primera etapa, *discernir*, es un tiempo de reflexión y estudio de la realidad en que viven las personas participantes en un programa educativo. Es vital conocer sus necesidades e intereses, entender su medio social y examinar cómo el ministerio educativo de la iglesia responde o debe responder a las circunstancias en que esas personas se encuentran. Esta etapa se completa a través de cuatro pasos: observación, oración, estudio y repaso.

En la segunda etapa, *decidir*, es donde el plan de acción comienza a tomar forma. En esta etapa se establecen el contenido académico, los objetivos a lograr, los métodos educativos y los recursos apropiados para enseñar a personas de distintas edades. Aquí se decide qué se va a enseñar, qué se va a aprender, qué estrategia se va a seguir, cómo se van a organizar las actividades y qué recursos se van a necesitar.

La tercera etapa, *evaluar*, consiste en determinar la manera en que se van realizando las actividades (llamada «evaluación formativa»), en qué medida se alcanzaron los objetivos y qué factores del programa ayudaron que así fuera, una vez ejecutado todo el plan (llamada «evaluación sumativa»).

Etapa I: Discernir

Necesidades e intereses de las personas y del programa educativo de la iglesia, dentro de su contexto social

- Orar: pedir dirección, pedir fortaleza, intercerder
- Observar: los contextos personal, institucional, social
- Estudiar: la Biblia, la lección, la realidad
- Recordar: la tradición, la visión

Decidir

Contenidos
Objetivos
Métodos
Recursos

- Qué se va a enseñar
- Qué se va a aprender
- Cómo se va a enseñar/aprender
- Con qué recursos

Evaluar

Objetivos y procesos alcanzados en el programa educativo

- En qué medida se están logrando las metas y objetivos y los factores que contribuyen a ello (evaluación formativa)
- En qué se lograron las metas y objetivos del plan y los factores que contribuyeron a ello (evaluación sumativa)

Diagrama 4. Etapas y pasos de la planificación de la educación cristiana

III. Conclusión

Los resultados por sí solos no son criterios suficientes para juzgar la eficacia de un trabajo; especialmente, en el ministerio educativo de la iglesia. La eficacia tiene que ver con la *vocación*, con el sentido de compromiso, entrega y sacrificio con que asumimos la tarea de servir a Dios y al prójimo o a Dios en el prójimo. La eficacia se relaciona al cuidado y esfuerzo con que elaboramos las actividades a través de las cuales debemos servir. La educación cristiana eficaz no deja nada a la improvisación, mientras pone todo bajo la dirección del Espíritu. He dedicado este capítulo al tema de la planificación eficaz, que debe fundamentarse en la *vocación* de los líderes responsables del ministerio educativo y en un *proceso de planificación* sólido e inteligente. Explicar y demostrar el uso de ese proceso de planificación educativa será nuestra tarea en el resto del libro.

2

La planificación del programa general de la iglesia
Etapa I de la planificación: Discernir

Poner en práctica el proceso de planificación descrito al final del capítulo anterior requiere tiempo, esfuerzo y disciplina. Son las personas que reconocen la importancia de la educación cristiana para la vida y misión de la iglesia, y la necesidad de una planificación más eficaz de la misma, las que asumen este desafío. En este capítulo explicaré en qué consiste la primera etapa de ese proceso, *discernir*, y también cada uno de los cuatro pasos que la componen ofreciendo ejemplos de cómo se pueden aplicar en la planificación del programa general de educación cristiana (ver diagrama 1).

Etapa I: Discernir Necesidades e intereses de las personas y del programa educativo de la iglesia, dentro de su contexto social	• PASOS: • 1. Orar: pedir dirección, pedir fortaleza, interceder • 2. Observar: los contextos personal, institucional, social • 3. Estudiar: la realidad observada a la luz de la Biblia y la Biblia a la luz de esa realidad • 4. Recordar: la tradición y visión de la iglesia

Diagrama 1. Primera etapa de la planificación eficaz

I. DISCERNIR: SENTIMIENTOS, PENSAMIENTOS Y REALIDADES

Esta etapa de *discernir* trata de detectar y reconocer las necesidades e intereses tanto de las personas como de la tradición eclesial y visión educativa de la congregación.

En primer lugar, hay que conocer qué sienten y qué piensan los miembros de una congregación sobre el programa educativo de la iglesia con un enfoque integral e inclusivo. Nos interesa conocer las situaciones de su realidad personal y social que más les afectan. En la tabla 1 he resumido las principales implicaciones de estas dos realidades que los pastores y pastoras, maestras y maestros, debemos tener presentes a la hora de planificar.

Realidad personal	Realidad Social
➤ Las personas (sin importar su edad, sexo, raza, religión, orientación sexual, habilidad física o mental) son más importantes que las leyes religiosas, las políticas denominacionales, los preceptos sociales o los sistemas políticos; ➤ en nuestra relación con los demás debe predominar una actitud de servicio y solidaridad; ➤ nuestra relación con nuestro prójimo se guía por la práctica y mensaje de Jesús y se nutre de nuestra relación con Dios, a través de la oración y el estudio de su palabra.	➤ Se presta atención a las costumbres, valores, creencias e idioma de las personas a quienes queremos servir (mundo personal); ➤ se reconoce la influencia de ciertas instituciones u organizaciones en la vida de las personas tales como la familia, la escuela, la iglesia (contexto institucional); ➤ se tiene consciencia de las realidades sociales, económicas, políticas y culturales que predominan en la sociedad y de los cambios que en ella pueden suceder (contexto social).

Tabla 1. Implicaciones de las realidades personal y social en la planificación de la educación cristiana

En segundo lugar, nos interesa examinar el programa educativo de la congregación para buscar cómo responder mejor a las necesidades e intereses de sus miembros; o sea, descubrir qué cambios hay que hacer para realizar un ministerio educativo más eficaz. Esta etapa invita a recordar la tradición y visión que tiene la iglesia en relación a su ministerio educativo, revisando la dimensión instruccional de ese ministerio (p.ej., sus contenidos, métodos y recursos). Esta etapa sienta las bases que nos permiten planear programas educativos que:

> ➤ analizan las necesidades e intereses reales de todas las personas que integran la iglesia,
> ➤ ayudan a los miembros de la iglesia a vivir su fe en medio de las realidades de su contexto social,
> ➤ responden al mensaje de Jesús, a la tradición eclesial y teológica de la iglesia y a la visión que ella tiene para su ministerio educativo.

A continuación explicaré los cuatro pasos que nos permiten completar esta etapa. Los presento en el orden que normalmente se sigue en un proceso de planificación. Sin embargo, en la práctica, algunos pasos pueden darse simultáneamente o bien pueden seguir un orden distinto. Lo importante es que todos los pasos se realicen.

A. Primer paso: Orar

La oración juega un papel central en la planificación de los ministerios de la iglesia. En la oración nos abrimos a Dios y también a nuestro prójimo. Cuando oramos pedimos la dirección y la fortaleza del Espíritu Santo. En la oración reconocemos nuestras limitaciones y que el verdadero maestro es Dios. Oramos intercediendo por las personas con quienes trabajamos, a quienes servimos, y por las situaciones que enfrentan en su diario vivir. La sintonía con la voluntad de Dios y la empatía con nuestro prójimo comienzan con y se nutren de la oración. Este paso debe involucrar a todas las personas en todos los niveles de la estructura organizativa de la educación cristiana de la iglesia. El pastor y las personas responsables de la educación cristiana pueden realizar este paso como parte de su práctica privada de oración y cuando se reúnen para planificar o evaluar la marcha de los programas educativos de la congregación.

B. *Segundo paso: Observar para identificar necesidades*

Este paso consiste en ver y oír atentamente antes de actuar; de escuchar antes de hablar; y de «tomar nota» de lo que sucede en la vida de las personas y en su entorno. Se trata de observar con empatía, para identificarnos con su sentir y su pensar. Al *observar* adquirimos información que nos ayudará, primero, a priorizar las necesidades e intereses a los cuales dedicar nuestra atención y, segundo, a discernir las acciones que mejor respondan a dichas necesidades e intereses.

Durante su ministerio, Jesús utilizó un método que consistió en acercase a la gente, caminar con la gente, y preguntarles qué pensaban de su realidad personal, religiosa y social. Este método lo vemos de manera clara en el encuentro de Jesús con aquellos dos discípulos que van de regreso a Emaús, su aldea, después de haber sido testigos de los eventos que llevaron a la cruz a su Maestro. Jesús se cruza en su camino, en medio de su crisis. Al principio ellos no lo reconocen, pero él se acerca, camina con ellos, y les hace preguntas (Lc 24:16-17). Estas tres acciones pueden resumirse en una sola: *escuchar*. Escuchar sus historias de lucha y esperanza, de conflicto y de alegría. Consideremos esas acciones una a una.

1. Acercarse
Existen varias maneras de acercarse a las personas: visitarlas en su casa, llamarlas por teléfono, invitarlas a nuestra a nuestra casa, y hasta participar con ellas en actividades de de recreación.

También, durante los días programados para el culto de oración, de estudio bíblico y otro tipo de reuniones, podemos tomar tiempo para escucharnos unos a otros, para contar las cosas recientes que han pasado y las situaciones que estamos viviendo.

2. Caminar con la gente
La acción de «caminar con la gente» significa prestar atención a la realidad que las personas viven: en qué etapa de su vida están, qué buscan y qué necesitan, cuáles son las

relaciones y las instituciones que más influyen en ellas, qué dinámicas y situaciones en la sociedad les benefician o perjudican en su desarrollo. Así, por ejemplo, las personas encargadas de planificar el trabajo educativo con los niños y las niñas de la iglesia deben pensar en temas y actividades adecuados a su edad y nivel de madurez física, intelectual, emocional y espiritual. En el caso de la planificación del trabajo con adolescentes y jóvenes, esto significa que los temas que se enseñan no sólo surgen de la Biblia sino también de las preguntas que ellos hacen, de los conflictos y desafíos que ellos enfrentan en la escuela secundaria y en la universidad, de las demandas e influencias que reciben de un ambiente dominado por las tecnologías de la comunicación (el Internet, teléfonos celulares, «iPods») y de un medio social cada vez más multicultural y multi-religioso. Las personas adultas también enfrentan sus conflictos y plantean preguntas que deben ser consideradas en la planificación de la educación cristiana.

3. Hacer preguntas

Otra manera de *observar* es formular preguntas a la gente. Jesús usó preguntas abiertas, es decir, preguntas que permiten decir todo que se piensa y todo lo que se siente, sin importar cuán correctos o cuán equivocados estemos.

En la iglesia, los pastores y líderes de educación cristiana debemos preguntarle a las diversas generaciones «qué cosas» necesitan, qué les anima, qué les entristece, qué les gusta y qué les desagrada. Igualmente, debemos preguntarles qué piensan sobre lo que hacemos o sobre lo que deberíamos hacer en el programa educativo de la iglesia. En sus respuestas hallaremos información que es relevante para mejorar y desarrollar el programa educativo de la iglesia. El planteamiento de preguntas y la búsqueda de respuestas se puede hacer a través de los siguientes medios:

➤ entrevistas a personas que representan distintos sectores de la congregación,

➤ diálogos con grupos específicos de niños y niñas, de jóvenes, de adultos, de parejas, de personas solteras, y cualquier otro tipo de grupo que existe en la iglesia,

➤ encuestas breves que toda la congregación pueda llenar en un culto o durante las actividades de la semana que tiene la iglesia,
➤ foros o paneles con la participación de todos los miembros de la congregación.

Entre más variadas las formas de motivar a las personas a «decir su palabra», mayor será la participación y más completa será la información que obtendremos.

C. Tercer paso: Estudiar

En este paso se organiza y analiza la información obtenida en el paso anterior. Luego se estudia la información recopilada para entender mejor lo que sienten y piensan quienes forman parte de la iglesia y los conflictos o desafíos del entorno social en que viven.

También se analiza si los programas de la iglesia en general y el programa de educación cristiana en particular, responden a la realidad que están viviendo sus miembros y a las necesidades e intereses que expresan. Se trata de entender mejor los siguientes aspectos:

➤ cómo la iglesia, a través de todas sus actividades, ayuda a todas las personas que la conforman a entender, apropiar y expresar su fe en el contexto del mundo en que viven;
➤ cómo el programa educativo de la iglesia incorpora en sus contenidos, métodos, actividades y recursos de enseñanza según las necesidades e intereses de los diversos grupos que en él participan;
➤ cómo el programa educativo refleja lo mejor de la tradición teológica e histórica de la iglesia y la visión que ella tiene de su ministerio educativo.

Este nos invita a estudiar la situación de las personas, su realidad y lo que hacemos como iglesia a la luz de todo el mensaje bíblico. Es necesario aprender a ver la realidad a la luz de lo que la Escritura nos dice. El mensaje bíblico debe iluminar y corregir nuestra manera de ver el mundo y de actuar en él. También hay ocasiones en las que, al entender mejor la realidad que nos rodea, podemos entender mejor el mensaje bíblico. Es vital que, en uno u otro caso, haya la disponibilidad para renovar nuestra forma de pensar para así poder comprobar «cuál es la buena voluntad de Dios, agradable y perfecta» (Ro 12:2).

Asimismo, hay ciencias humanas que nos ayudan a entender mejor a las personas en sus distintas etapas de desarrollo humano (p.ej., la sicología), así como las causas y naturaleza de las realidades y conflictos que se viven en las instituciones y la sociedad en general (p.ej., la sociología). No debemos aceptar ciegamente lo que ellas dicen, pero sería imprudente y poco sabio no prestar atención al conocimiento que la sicología y la sociología ofrecen al pastor y al líder de educación cristiana, entre otras ciencias humanas.

Dependiendo de la cantidad y naturaleza de la información recopilada, este paso puede requerir varias reuniones y prolongarse por semanas. También puede requerir la participación de personas que sirvan como recursos en el campo teológico, sicológico o sociológico. La duración de esta etapa depende también de si se está planificando en forma integral para todo el programa de educación cristiana, o sólo para una parte de él. Para evitar que este paso se prolongue por varias semanas, el comité de educación cristiana, y otras personas involucradas, pueden dedicar un fin de semana o realizar un retiro de varios días para completar el estudio requerido.

Es importante contar con mecanismos que permitan resumir y organizar la información recopilada para su estudio y análisis. La tabla 2 ilustra un modelo que organiza información de tres grupos en relación a cuatro programas de la iglesia. Por supuesto, no debemos esperar que todos los grupos tengan el conocimiento o la experiencia necesaria para expresar su sentir y pensar sobre todos los programas.

Programas / Grupos	Escuela dominical	Culto dominical	Programa grupo femenil	Programa grupo juvenil
Niños-niñas 1.¿Qué piensan sobre... los temas y las actividades, los(as) maestros(as), los(as)líderes, los lugares de reunión, la hora y duración, los materiales y recursos?	2. ¿Qué les gusta de...? 3. ¿Qué no les gusta de...? 4. ¿Qué necesitan aprender? 5. ¿Qué les interesa aprender? 6. ¿Qué les gustaría que se haga diferente en... la escuela dominical, culto grupo femenil/juvenil?			
Jóvenes -en secundaria -en etapa universitaria -empleados/desempleados				
Personas adultas -Mujeres, hombres -Casadas, solteras -Con hijos/sin hijos				

Tabla 2. Modelo para la organización y análisis de información sobre programas de la iglesia por grupos

El modelo que presento en la tabla 3 es útil para el estudio del programa de escuela dominical y se puede analizar conjuntamente con la información obtenida en el modelo anterior. Las preguntas sugeridas se refieren específicamente a la *dimensión instruccional* de la educación cristiana. Es importante responder cada una de ellas para cada subgrupo de la escuela bíblica dominical. La división de grupos indicada, es un manera común de dividir los grupos en la escuela dominical (por edades o por temas de interés en el caso de clases para personas adultas). Este modelo puede emplearse tanto para estudiar lo que se está haciendo en el presente, como para analizar lo que se necesita o quiere hacerse en el futuro.

Programa de Escuela Bíblica Dominical	
Niñas(os) *menores* (edad pre-escolar: 0-2, 3-4, 5-6)	**¿Quiénes son los participantes?** -¿Quiénes son los maestros(as)? ¿Qué capacitación tienen? ¿Qué capacitación necesitan? ¿Qué sabemos de su mundo personal (familia, origen étnico, lugar donde viven...)? ¿Qué tipo de compromiso se espera de ellos(as) con la iglesia y con la clase? -¿Quiénes son los(as) discípulos(as)? ¿Qué sabemos de su mundo personal (familia, origen étnico, lugar donde viven...)? ¿Qué sabemos de sus habilidades y necesidades físicas, emocionales, intelectuales y espirituales? ¿qué esperan ellos(as) de la iglesia? ¿qué espera la iglesia de ellos(as)?
Niños(as) *mayores* (edad escolar: 7-9, 10-12)	**¿Qué se está enseñando/¿Qué se necesita enseñar?** -Conocimiento bíblico y doctrinal, historia de la iglesia universal/denominacional/local -Prácticas de desarrollo espiritual (personal, familiar, congregacional) -Formas de servicio en la iglesia (culto, educación cristiana, diaconía, evangelismo, consejería, administración...) -Formas de servicio en la comunidad y en el mundo (en escuelas y organizaciones de bien social, lucha por los derechos de personas que sufren diferentes tipos de discriminación...) -Cómo vivir la fe cristiana en medio de los desafíos que la sociedad nos presenta (convivencia con personas de diferentes culturas y diferentes religiones, impacto de la ciencia y la tecnología, crisis económica, crisis ecológica...
Jóvenes I (13-17 años)	**¿Cómo se enseña/aprende? ¿Cómo se quiere que se enseñe y se aprenda?** -Métodos centrados en la (el) maestra(o): clase magistral, limitados al uso del lenguaje verbal y escrito, poco tiempo para el diálogo y para actividades fuera de la clase -Métodos centrados en la (el) discípula(o): involucran todos los sentidos (oído, vista, olfato, tacto, gusto) y permiten la participación activa (dramas, juego, arte, trabajo en grupos, proyectos fuera de la clase, uso de computadoras y video-cámaras) -Métodos centrados en el contenido: uso del manual para el líder y el alumno, uso de diccionarios, comentarios, bibliotecas, Internet, personas especialistas en un tema (foros, paneles), investigación en grupo, debates, grupos de discusión, guías de lectura ...
Jóvenes II (18-24, 25-29)	**¿Cuándo y cuánto tiempo?** -¿Es la hora de la escuela dominical el mejor momento para enseñar/aprender sobre la fe? -¿Qué otras alternativas existen en cuanto a días y horas de reunión? -¿Es la duración de la clase apropiada?
Adultos I (30-45, 46-65, 65-?)	**¿Dónde?** -¿Es el espacio físico del aula adecuado, atractivo, limpio, seguro? -¿Se aprovechan otras áreas del templo para enseñar? ¿Casas, lugares en la comunidad?
Adultos II (temas de interés)	**¿Con qué recursos se cuenta/qué recursos se necesitan?** - Materiales: recursos didácticos (pizarras, mapas, libros, grabadoras, equipo audio-visual...) - Presupuesto: ¿cuánto dinero se invierte/se debe invertir? - Humanos: ¿se cuenta con suficientes maestros/as para cada clase? ¿existe suficiente apoyo de voluntarios para atender los distintos aspectos del programa educativo?

Tabla 3. Modelo para el análisis de la dimensión instruccional del programa de escuela dominical

Quiero ofrecer también una encuesta útil para evaluar el tipo de enfoques de educación cristiana preferidos por los miembros de una iglesia o los enfoques promovidos por sus líderes (véase la tabla 4). Con el debido permiso de sus creadores (Jack L. Seymour y Margaret A. Crain, ambos educadores cristianos), he traducido y adaptado al español la versión en inglés para que pueda ser usada en las iglesias hispanas. Consiste en diez afirmaciones, que pueden completarse de cuatro maneras diferentes. Cada alternativa representa un enfoque de la educación cristiana. Esta encuesta la pueden llenar los líderes de la iglesia, las personas que participan en las clases de la escuela dominical, o toda la congregación. En el próximo capítulo ofreceré más detalles de cómo utilizarla.

D. Paso 4: Recordar

Este último paso consiste en *recordar* quiénes somos como iglesia, tanto el pasado que heredamos (la tradición) como el futuro por el que existimos (la visión). Esa tradición está en parte escrita en las Escrituras, en los libros de historia de la iglesia universal, y en los documentos que contienen las memorias del origen y desarrollo de nuestra denominación e iglesia local. Recordar el pasado, nos guía a meditar sobre la misión de la iglesia en el mundo y el significado de vivir ese llamado en el tiempo presente y en los años por venir. Es necesario también recordar cuál es la visión de la iglesia. Qué es y para qué existimos como iglesia? Esa visión fundamenta y orienta el trabajo presente y futuro de una comunidad de fe. Por ello, tradición y visión son componentes fundamentales de la identidad de una congregación. En este último paso es necesario explicitar la visión para todas las personas involucradas en este proceso de planificación.

Formulario para evaluar cuatro enfoques de la educación cristiana

Para cada una de las siguientes 10 frases hay cuatro afirmaciones que completan la oración. Escriba un 4 en el espacio de la afirmación que tiene más importancia para Ud. (o su iglesia), un 3 a la que le sigue en importancia, y así hasta llegar al número 1. Sólo puede usar cada número una vez y debe usar todos los números (1, 2, 3, 4).

PRIMERA PARTE

1. La Iglesia existe para

___ a. apoyar y animar a las personas en el desarrollo personal de su fe.

___ b. compartir el mensaje de la fe cristiana a otros.

___ c. trabajar por la justicia y servir a los más necesitados.

___ d. proveer un espacio de comunión a los que comparten la misma fe cristiana.

2. El propósito de la Educación Cristiana es

___ a. formar la congregación en la adoración, comunión y la misión.

___ b. animar y orientar a las personas cristianas en su desarrollo espiritual.

___ c. enseñar el mensaje y las prácticas de la fe cristiana.

___ d. capacitar a las personas y a toda la iglesia para trabajar por y en el mundo.

3. El ministerio educativo de la Iglesia necesita líderes que puedan

___ a. enseñar a otros el contenido y significado de la fe cristiana.

___ b. acompañar a otras personas en su fe y desarrollo espiritual.

___ c. capacitar a otros para servir en el culto y en las actividades y misión de la iglesia.

___ d. animar a los miembros de la congregación a trabajar por la justicia y la paz en el mundo.

4. El programa de educación cristiana de la iglesia debe ayudar sus miembros a

___ a. ser personas fieles y activas en su congregación.

___ b. responder a las necesidades que hay en el mundo.

___ c. mantener un desarrollo constante de su vida espiritual.

___ d. conocer y estudiar las historias bíblicas y el mensaje de la fe cristiana.

5. El contenido de la Educación Cristiana incluye

___ a. temas y situaciones de la realidad social y del mundo.

___ b. la Biblia y las prácticas y tradiciones cristianas.

___ c. las experiencias de vida y los testimonios de fe de las personas.

___ d. las distintas formas de trabajo, comunión y servicio de la congregación.

(Traducido y adaptado por Fernando Cascante Gómez de *Mapping Christian Education: Approaches to Congregational Learning*, editado por Jack L. Seymour, pp. 90-92)

6. La educación cristiana debe realizarse en

___ a. pequeños grupos donde las personas puedan ser motivadas a crecer en su fe.

___ b. cualquier lugar donde se pueda testificar del amor de Dios para todas las personas.

___ c. lugares fijos y horas fijas (p.ej., escuela bíblica dominical, grupos de estudio bíblico).

___ d. en medio de todos los programas y actividades de la congregación.

7. Los objetivos de la educación cristiana son

___ a. Inspirar a la iglesia y a cada uno de sus miembros a trabajar por una sociedad y por la sanidad de la creación.

___ b. enseñar las doctrinas, historias bíblicas y prácticas de la fe cristiana.

___ c. desarrollar la vida de la congregación y sus ministerios.

___ d. ayudar y motivar a personas de todas las edades a crecer en la fe.

8. Los recursos que se pueden utilizar en la educación cristiana incluyen

___ a. todo lo que se hace en la congregación: cultos, actividades de comunión, de testimonio y de servicio.

___ b. análisis, desde la perspectiva de la fe, de temas y situaciones que pasan en la sociedad y el mundo.

___ c. materiales impresos sobre temas bíblicos y de la vida cristiana.

___ d. literatura que ayude a crecer en la vida personal, en la vida de oración y santidad de los miembros de la iglesia.

9. Entre los desafíos que enfrenta la Iglesia están

___ a. aprender a ser un agente de cambio y de sanidad en el mundo.

___ b. crecer como una comunidad caracterizada por el amor, la unidad y el servicio cristiano a los demás.

___ c. ayudar a las personas en sus crisis y en su crecimiento espiritual.

___ d. ayudar a sus miembros a conocer a fondo los fundamentos bíblicos y teológicos de su fe cristiana.

10. Un programa de educación cristiana es exitoso cuando los miembros de una congregación

___ a. conocen bien la Biblia y saben defender y dar testimonio de su fe.

___ b. practican su fe a través de su testimonio y servicio en la sociedad.

___ c. examinan continuamente su crecimiento espiritual a la luz del evangelio.

___ d. demuestran su amor, unidad y apoyo mutuo.

Tabla 4. Primer parte del formulario para evaluar cuatro enfoques de la educación cristiana

Recordar permite que quienes participan en el ministerio de educación cristiana conozcan o repasen la «tradición de su iglesia». Esto se puede hacer como parte del paso anterior *(estudiar)* o antes del segundo paso *(observar)*. En ocasiones, al *recordar* la «tradición» histórica y teológica de nuestra congregación, descubrimos cosas importantes que necesitamos recuperar a la luz de las situaciones nuevas que confronta la iglesia, como son los conflictos sociales, los fenómenos naturales y los descubrimientos científicos. Otras veces, al *recordar* las doctrinas y prácticas de nuestra iglesia, descubrimos que hay que profundizarlas, ampliarlas y, en ocasiones, hasta modificarlas para ser más fieles al mensaje de Jesús. Esta manera de mirar al pasado, nos recuerda las palabras de Jesús cuando dijo que «todo escriba docto en el reino de los cielos es semejante a un padre de familia que saca de su tesoro cosas nuevas y cosas viejas» (Mt 13:52).

En este paso también nos proyectamos al futuro, pues tenemos muy presente la «visión» que orienta la vida y la misión de nuestra iglesia. La planificación eficaz de la educación cristiana se hace con un propósito o intención de lograr algo en el futuro, a corto, a mediano y a largo plazo. No se planifica «para ver qué resulta al final». Se planifica porque hay un «fin», una meta en mente. Por esta razón, las personas que dirigen el programa educativo de la iglesia deben tener una idea clara de cuál es el propósito del ministerio educativo de su iglesia. Esa visión debe orientar el trabajo que el comité realiza con cada uno de los grupos que conforman la congregación. Si no existe, deben trabajar en la elaboración de dicha visión antes de pasar a la segunda etapa del proceso de planificación. Para mí, el propósito fundamental de la educación cristiana es *formar discípulos de Jesús, hombres y mujeres de todas las edades, capaces de pensar, sentir y actuar su fe en él, bajo el poder y dirección del Espíritu y por la causa del reino de Dios en el mundo.*

II. CONCLUSIÓN

Un programa de educación cristiana eficaz debe responder a las necesidades e intereses de sus miembros; tomar en cuenta las oportunidades y desafíos de su realidad social; tener claridad de su tradición eclesial y de su visión educativa; y, finalmente, examinar lo que está ofreciendo y lo que necesita ofrecer. La etapa de *discernir* permite cumplir con estos deberes. Pero, esta etapa demanda tiempo, esfuerzo y disciplina. Sólo después de tomar tiempo para orar, observar, estudiar y recordar es que estamos preparados para tomar decisiones sabias. Considerar el tipo de decisiones requeridas en la planificación del ministerio educativo es nuestro propósito en el siguiente capítulo.

3

Etapa II de la planificación: Decidir

La oración, observación, estudio y repaso realizados en la primera etapa nos permiten conocer con quiénes trabajamos, por qué y para qué lo hacemos. Ahora, en esta segunda etapa del proceso de planificación del programa educativo de la iglesia, nos toca *decidir* los contenidos, objetivos, métodos y recursos que responden a las necesidades e intereses de todo el programa educativo de la iglesia. Como lo indica el diagrama 1, en esta etapa debemos decidir qué va a enseñarse en los distintos programas del ministerio educativo, qué van a aprender los participantes en esos programas, qué métodos y estrategias educativas se van a utilizar y cuáles recursos que se van a necesitar.

Decidir Contenidos Objetivos Actividades/Métodos	• PASOS • 1. Qué va a enseñar • 2. Qué va a aprender • 3. Cómo va a enseñar/aprender • 4. Con qué recursos

Diagrama 1. Segunda etapa de la planificación eficaz

Antes de explicar cómo realizar esta etapa en el caso del ministerio educativo de una congregación, quiero presentar cuatro posibles enfoques de la educación cristiana que, en mayor o menor grado, se dan en la vida de toda iglesia. Describiré primero en qué consisten esos enfoques; luego explicaré cómo, juntamente con toda la información obtenida en la etapa anterior, ellos nos ayudan a *decidir* los objetivos, métodos y contenidos del programa educativo de la iglesia.

I. CUATRO ENFOQUES BÍBLICOS DEL MINISTERIO EDUCATIVO DE LA IGLESIA

Estos enfoques se derivan de la práctica de los primeros cristianos, según la describe el libro de los Hechos. Una vez recibido el poder del Espíritu Santo, los seguidores de Jesús «perseveraban en la doctrina de los apóstoles, en la comunión unos con otros, en el partimiento del pan y en las oraciones...y muchas maravillas y señales eran hechas por los apóstoles» (Hch 2:42-43) en medio del pueblo (Hch 4:12). En este modelo ideal de comunidad de fe, los discípulos y las discípulas de Jesús permanecían constantes en cuatro cosas:

> ➤ el estudio de la «doctrina de los apóstoles», que fue todo lo que Jesús les enseñó y mandó que enseñaran a otras personas (Mt 28:20);
> ➤ la «comunión unos con otros», tanto en el templo como en las casas (Hch 2:46);
> ➤ el «partimiento del pan y las oraciones», ofrece una visión que integra las necesidades físicas y espirituales como componentes básicos para el cultivo de la fe de la feligresía de la congregación;
> ➤ en acciones de testimonio («señales y prodigios») en medio del pueblo, que hacían que la gente alabara a Dios y les viera con buenos ojos, y se unieran a la iglesia (Hch 2:47).

En conjunto, estas actividades representan los cuatro enfoques del ministerio educativo que deben estar presentes en toda comunidad de fe. Respectivamente, estos enfoques involucran una preocupación por el *conocimiento bíblico, la madurez cristiana, la comunidad de fe y el cambio social.*

El primer enfoque, *conocimiento bíblico*, es el que más abunda en los programas de educación cristiana de las iglesias. Su propósito fundamental es instruir sobre el contenido y el mensaje de la Biblia: transmitir y explicar los eventos y los temas centrales de la fe cristiana, dar identidad a la Iglesia como pueblo de Dios y fundamentar la práctica cristiana personal y comunitaria.

El enfoque *madurez cristiana* se manifiesta cuando en un programa educativo existe una preocupación explícita por el progreso en la experiencia de fe de todos los miembros de la iglesia según su edad y circunstancias personales. Su propósito es promover prácticas devocionales, principios de ética cristiana y estilos de conducta que evidencian la vida nueva en Jesucristo y la acción del Espíritu Santo en las personas.

El propósito fundamental del enfoque *comunidad de fe* es promover un estilo particular de ser iglesia a través de la participación de sus miembros en el culto y en las actividades que se realizan dentro y fuera del templo. Involucra el conocimiento y estudio de creencias y prácticas específicas de una iglesia. Es el tipo de educación cristiana que ocurre en medio de la convivencia regular de las personas dentro una tradición eclesial particular (p.ej., metodista, luterana, nazarena, bautista, o pentecostal, entre otras).

El enfoque *cambio social* es, quizás, al que se le presta menos atención en los programas de educación cristiana de las iglesias. Este tiene como propósito capacitar a los miembros de la iglesia para participar activamente en la búsqueda de la solución de los problemas y necesidades existentes en su comunidad de fe y en la sociedad en general. Este enfoque requiere el estudio de la dimensión profética del mensaje bíblico y llama a la iglesia a responder a los problemas que aquejan a las comunidades donde nos toca dar testimonio de nuestra fe (desempleo, drogadicción, pandillas juveniles, discriminación racial, falta de acceso a educación y servicios de salud, violencia doméstica, y otras).

II. EVALUACIÓN DE LOS CUATRO ENFOQUES EN EL MINISTERIO EDUCATIVO

Al final del capítulo anterior sugerí el uso de un formulario para evaluar el grado en que estos enfoques son preferidos o recalcados por el liderazgo y la feligresía de una congregación. Esta primera parte del formulario nos permite obtener información que, unida a los datos que surgen de las entrevistas y encuestas sugeridas anteriormente, es de mucha ayuda para tomar decisiones en esta segunda etapa del proceso de planificación de la educación cristiana.

Formulario para evaluar cuatro enfoques de la educación cristiana

SEGUNDA PARTE

Anote el número que usted asignó a cada letra dentro de cada una de las diez afirmaciones. Observe que las letras se han colocado en diferente orden y en forma horizontal. Una vez hecho esto, sume los números en cada columna para obtener el puntaje total para cada enfoque. Si un enfoque recibe un puntaje mayor a 25 quiere decir que tiene mayor prioridad para la persona. Si es menor que 25 quieren decir que tiene menor prioridad.

	CB	MC	CF	CS
1.	b ___	a ___	d ___	c ___
2.	c ___	b ___	a ___	d ___
3.	a ___	b ___	c ___	d ___
4.	d ___	c ___	a ___	b ___
5.	b ___	c ___	d ___	a ___
6.	c ___	a ___	d ___	b ___
7.	b ___	d ___	c ___	a ___
8.	c ___	d ___	a ___	b ___
9.	d ___	c ___	b ___	a ___
10.	a ___	c ___	d ___	b ___

Puntaje Total   CB: ____ MC: ____ CF:____   CS: ____

CB= Conocimiento bíblico MC= Madurez cristiana CF= Comunidad de fe
CS= Cambio social

Tabla 1. Segunda parte del formulario para evaluar cuatro enfoques de la educación cristiana

La segunda parte del formulario, como se indica en la tabla 1, permite el registro de las respuestas para cada una de las diez afirmaciones de la primera parte. De esta manera podemos obtener los puntajes totales para cada enfoque y determinar así a cuáles se les da más o menos énfasis. En el caso ideal de que exista un balance perfecto entre todos los enfoques, el puntaje sería de 25 para cada uno. Pero es difícil que suceda, ya que las iglesias recalcan unos enfoques más que otros en sus programas de educación cristiana. Y aún dentro de una misma iglesia, las personas asignan diferente valor a los enfoques, dependiendo de sus experiencias y de sus propios intereses y necesidades. Para ilustrar el uso de este formulario, analicemos los resultados de dos personas que recientemente respondieron al mismo en uno de mis cursos. Ambas son del mismo sexo, pero de diferentes edades. Aunque existen otras diferencias entre ellas (pertenecen a diferentes denominaciones y provienen de grupos raciales diferentes), quiero utilizar el factor edad como ejemplo de un criterio que afecta la manera en que diferentes personas entienden el ministerio educativo (ver Diagrama 2). La «persona 1» tiene más de sesenta años y ya está pensionada. La «persona 2» tiene menos de treinta años, estudia a tiempo completo y trabaja varias horas durante la semana.

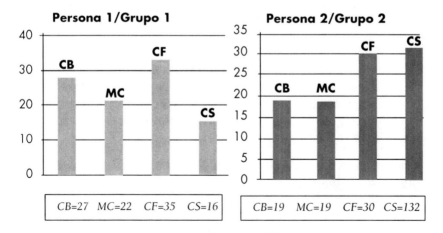

Diagrama 2. Puntajes de dos personas/grupos para los cuatro enfoques de la educación cristiana

Para la «persona 1» el enfoque más importante tiene que ver con ser parte de una comunidad de fe (CF) y el sentido de identidad y comunión que esta le ofrece. El enfoque de cambio social (CS) es el menos importante para la «persona 1», mientras es el más importante para la «persona 2». Interesantemente, para la «persona 2» el enfoque de comunidad de fe es casi igual de importante que el de cambio social.

Para explicar el uso de estos resultados en la planificación del programa educativo de la iglesia, supongamos ahora que cada una de estas dos personas representan el promedio de lo que piensan el grupo de personas mayores y el grupo de jóvenes adultos de la iglesia, respectivamente.

A la luz de los datos en el Diagrama 2, podríamos hacer las siguientes observaciones en relación al grupo de personas mayores:

1. Es de suma importancia para ellas sentirse parte de la comunidad de fe y ser reconocidas como personas que aportan a la identidad y al funcionamiento de la congregación.
2. Ellas necesitan espacios de encuentro más allá de las actividades del culto dominical, quizás reuniones y actividades durante la semana que puedan organizarse en el templo y en las casas.
3. El poco énfasis en la dimensión social de la fe puede también significar que desconocen las dimensiones sociales y proféticas del mensaje bíblico.
4. Ellas todavía valoran la oportunidad de seguir creciendo en el conocimiento de la Biblia y la doctrina cristiana.
5. Crecer en lo personal ya no es una prioridad para ellas. Sin embargo, consideran importante el acompañamiento y guía espiritual durante los años de transición de persona mayor a persona anciana.

En relación al grupo de jóvenes adultos, se podrían sugerir las siguientes conclusiones:

1. Tienen buen conocimiento de las causas y del impacto para sus vidas de los problemas políticos, económicos, sociales y ecológicos que aquejan al mundo actual. Por tal razón, quieren ver cambios que garanticen un mejor futuro para ellas y las futuras generaciones.

2. Ven la importancia de la comunidad de fe como un espacio que provee identidad religiosa en medio de un mundo multireligioso, aunque puede que exista algún descontento con el tipo de enseñanza bíblica y algunos principios éticos de las iglesias.
3. Necesitan líderes que modelen una preocupación por sus problemas existenciales y que puedan entender los medios y las dinámicas de comunicación de la era tecnológica.
4. Requieren un estudio del mensaje bíblico que vaya más allá del conocimiento de datos bíblicos y que busque relacionarlo con las realidades que caracterizan sus vidas y su comunidad.
5. Son personas dispuestas a hacer nuevas preguntas para las que la iglesia quizás no tenga claras respuestas e, igualmente, dispuestas a buscar nuevas respuestas a las preguntas para las que la iglesia cree tener la única respuesta.

Con base en esta información, el comité de educación cristiana puede tomar decisiones sobre los contenidos, objetivos, métodos y recursos de los programas en que participan estos dos grupos de personas dentro de la iglesia. En la tabla 2 ilustro una manera de organizar las respuestas que corresponden a cada uno de los pasos de esta segunda etapa y, a la vez, ofrezco posibles respuestas a las preguntas para cada grupo que se ha considerado anteriormente.

Grupo Etapa II: Decidir	Personas adultas mayores	Personas jóvenes
¿Qué enseñar? (contenidos)	a. Mensaje de justicia social en algunos de los profetas del Antiguo Testamento b. Implicaciones sociales del «Sermón del Monte» (Mt 5:1-12) c. Biografías de personas mayores que lograron impactar su iglesia, comunidad o sociedad en general	a. Mensaje de justicia social en algunos de los profetas del Antiguo Testamento b. La crisis ecológica desde una perspectiva bíblica c. Temas bíblicos y teológicos en películas de cine o en programas de televisión

¿Qué aprender? (objetivos)	Las personas en este grupo podrán: a. reflexionar sobre pasajes y temas bíblicos que llaman a la práctica de la justicia en las relaciones entre ricos y pobres b. identificar situaciones en la sociedad que demandan la práctica de la justicia c. proponer acciones sencillas con las que ellas pueden contribuir a cambios en la familia, la iglesia y la sociedad	Las personas en este grupo podrán: a. analizar la manera en que el mensaje bíblico es pertinente a los problemas sociales de su medio b. descubrir principios bíblicos pertinentes a la solución del problema ecológico (p.ej., calentamiento global, desaparición de especies animales y vegetales) c. estudiar la manera en que el mensaje y valores de ciertas películas y programas de televisión cuestionan y/o afirman el mensaje y los valores de la fe cristiana
¿Cómo? (métodos y actividades)	a. Utilizar métodos inductivos de estudio bíblico en grupo durante la escuela dominical b. Serie de predicaciones a cargo del pastor o pastora c. Invitar a un/a conferencista para dar charlas durante varias noches d. Club semanal de lectura sobre "biografías de adultos mayores" e. Participación en algún proyecto de bien social en la comunidad	a. Utilizar métodos inductivos de estudio bíblico en grupo durante la escuela dominical b. Serie de predicaciones a cargo del pastor o pastora c. Invitar a un/a conferencista para dar charlas sobre "Biblia y ecología" durante varias noches d. Realizar una serie de cineforos en la iglesia o una casa u otro lugar adecuado e. Ver en grupos una temporada de un programa de televisión, con tiempo de reflexión después de cada programa
¿Con qué? (recursos)	a. Humanos: maestros/as, pastor/a, conferencistas b. Materiales: Biblias, copias, pizarras, aulas, mesas, sillas, libros (sobre biografías) c. Económicos: presupuesto para pago de conferencistas, compra de libros, fotocopiado de materiales, refrigerios, etc. d. Tiempo: duración que se dará al estudio de cada tema (tres noches, un mes, un trimestre, un semestre, etc.)	a. Humanos: maestros/as, pastor/a, conferencistas b. Materiales: Biblias, copias, pizarras, aulas, mesas, sillas, libros (sobre temas ecológicos y la Biblia), TV, películas, reproductor de video o de DVD c. Económicos: presupuesto para pago de conferencistas, compra de libros, alquiler o compra de películas, equipo audio-visual d. Tiempo: duración que se dará al estudio de cada tema (tres noches, un mes, un trimestre, un semestre, etc.)

Tabla 2. Aplicación de la Etapa II para programas con dos grupos dentro de la congregación

III. LOS CUATRO PASOS: CONSIDERACIONES GENERALES

Hasta aquí hemos visto en qué consiste la segunda etapa del proceso de planificación de la educación cristiana. Para ello utilizamos como ejemplo los resultados del diagrama 2 para obtener las respuestas en la tabla 2. Ahora es importante reflexionar sobre aspectos fundamentales de cada uno de los pasos de la segunda etapa que deben tomarse en cuenta para cualquier otro grupo de personas o programa dentro del ministerio educativo de una congregación.

A. Paso 1: Decidir qué se va a enseñar

Por lo general, las dos preguntas más urgentes que se hacen las personas a cargo del programa educativo de la iglesia son: 1) ¿qué vamos a enseñar el próximo año (o mes, trimestre, semestre) en las distintas clases de escuela dominical y en los demás grupos de la iglesia? y 2) ¿qué materiales debemos comprar para los maestros, maestras, alumnos y alumnas? Si queremos contestar estas preguntas de manera responsable y eficaz, hay que *discernir* primero cuáles son las necesidades e intereses de quienes forman la congregación y cuáles son las realidades sociales en medio de las que ellas se encuentran. En la sección anterior ofrecí un ejemplo de cómo hacerlo.

Una vez que se ha decidido qué se va a enseñar, lo normal es ir a una librería cristiana o buscar en el Internet para comprar los materiales que consideremos responden mejor a las necesidades, intereses y realidades de los distintos grupos que participan en el programa de educación cristiana. Con frecuencia se dará el caso de que no encontremos exactamente los materiales que necesitamos. Para resolver esta situación existen al menos dos opciones. La primera es comprar aquel material que incluya gran parte o buena parte de los contenidos que estamos buscando, sabiendo que habrá que ayudar a los maestros y maestras a hacer ciertas adaptaciones para su uso. La segunda es producir los materiales nosotros mismos. Esta opción requiere más tiempo de planificación y de personas con formación y experiencia educativa.

1. Contenido explícito

Todos los contenidos impresos en los materiales que se usan en los programas de educación cristiana, y todo lo que abiertamente se lee y se oye en la iglesia, constituye lo que los educadores llamamos «contenido explícito». Pero lo que se enseña en la iglesia es mucho más que la información impresa en folletos o materiales de escuela dominical, más que los temas de los mensajes de quien predica en la iglesia y más que las letras de los himnos y cánticos que entonamos en el culto.

2. Contenido implícito

Existe otra forma de contenido que se manifiesta en el estilo de convivencia de unos con otros, en la forma de organización de la congregación, en la manera en que se toman y ejecutan decisiones, y en el tipo de relación de la congregación con su comunidad. Es lo que en educación llamamos el «contenido implícito». Por ejemplo, en una congregación donde sólo los varones dirigen o predican, y las mujeres son las únicas responsables de servir y limpiar cuando hay actividades, «implícitamente» se está enseñando que los hombres son los únicos que pueden ejercer liderazgo en la iglesia, y que las mujeres deben encargarse de tareas de menor importancia. Este tipo de contenido puede tener un gran impacto, aún cuando en un sermón o en una clase se diga explícitamente que «todos somos iguales» y que «en Cristo no hay varón ni mujer». Es importante tener presente que las formas de convivencia cristiana dentro y fuera de una congregación son parte del contenido que ella enseña.

3. Contenido nulo

Un tercer tipo de contenido es aquel que, aunque es parte del mensaje bíblico, no se enseña, sea porque se desconoce o sea porque quienes toman la decisión sobre qué debe enseñarse en una congregación no quieren o no consideran importante que se enseñe. Esto es lo que educadores y educadoras llamamos «contenido nulo». Es un contenido que, por su ausencia, refleja desconocimiento, refleja las preferencias de los líderes de la iglesia que incluyen unos temas pero excluyen otros, o refleja ambas cosas. Lo que no se enseña en una iglesia es, muchas veces, tan importante como lo que se enseña. No podemos ignorar que hay personas jóvenes y adultas que dejan sus congregaciones después de años de oír y ver las mismas cosas. En el mejor de los casos, buscan otras iglesias o grupos cristianos con visiones más amplias de trabajo y de pensamiento, después de darse cuenta que el evangelio de Jesucristo tiene que ver con toda la vida humana y no únicamente con una parte de ella. En el peor de los casos, sufren un desencanto con la iglesia institucional por lo que se alejan por completo de su congregación.

En resumen, el «currículo» de la educación cristiana (el contenido que debe enseñarse) involucra todo el mensaje bíblico y todos los aspectos de la vida humana. Por eso, es importante que en el programa educativo de la iglesia se incluyan los cuatro enfoques de la educación cristiana, porque nos ayudan a mantener un balance entre todos los posibles contenidos que deben enseñarse en un programa de educación cristiana. Así, como el apóstol Pablo, podremos estar más seguros de que anunciamos y enseñamos «todo» el mensaje del reino de Dios y no solo una parte de él (Hch 20:25-27).

B. Paso 2: Decidir qué se va a aprender

Tan importante es decidir *qué contenidos* queremos enseñar como lo es decidir qué tipo de *participación* queremos que las personas tengan en el proceso de aprendizaje. Qué se aprende y cuánto se aprende depende de lo que las personas hacen durante el acto de aprender. En pocas palabras, *aprendemos haciendo*. Por ejemplo, lo que aprenden las personas en un grupo donde el único que habla es el maestro y ellas sólo escuchan, no es lo mismo que lo que aprenden las personas de un grupo en el que, además de escuchar al líder, pueden hacer preguntas, tomar notas, discutir conceptos e ideas en grupos pequeños y reflexionar sobre maneras de llevarlas a la práctica. En conclusión, entre más activamente participan las personas en el acto de aprender, más aprenden.

1. Objetivos de aprendizaje
En un programa educativo el tipo de aprendizaje que se espera de las personas se expresa en los objetivos que se establecen para cada área del programa. Ellos nos dan una idea del tipo de actividades en las que se espera involucrar a los participantes (p.ej., mental, afectiva, o práctica) y del

contenido involucrado en dichas actividades. Para entender las tres características esenciales de los objetivos de aprendizaje, analicemos brevemente los objetivos sugeridos en la tabla 2 arriba para el caso de un programa con adultos mayores:

Las personas en este grupo podrán:

a) *reflexionar* sobre pasajes y temas bíblicos que llaman a la práctica de la justicia en las relaciones entre ricos y pobres

b) *identificar* situaciones en la sociedad que demandan la práctica de la justicia

c) *proponer* acciones sencillas con las que ellas pueden contribuir a cambios en la familia, iglesia y la sociedad.

En primer lugar, los objetivos siempre deben comenzar con un verbo, indicando la acción que se espera que los participantes realicen: reflexionar, identificar, proponer. Estos verbos, intencionalmente, representan actividades que involucran la habilidad intelectual, afectiva y práctica que todas las personas tenemos. Es imperativo buscar actividades que ejerciten nuestra capacidad de pensar, sentir y actuar.

En segundo lugar, los objetivos deben incluir una breve descripción del contenido de la acción. Esta parte del objetivo delimita la naturaleza o las condiciones de la acción propuesta. Por ejemplo, en el objetivo «a», el verbo *reflexionar* hace referencia a pasajes y temas bíblicos que tienen que ver con las relaciones entre ricos y pobres; otra posibilidad sería *reflexionar* sobre las relaciones entre ricos y pobres en el contexto de la iglesia o de la sociedad en general.

En tercer lugar, los objetivos deben escribirse en función de las personas que van a realizar las acciones, y no en función de lo que debe hacer el líder o la líder. Toda lista de objetivos debe estar encabezada con expresiones como «Las personas del grupo podrán: 1. Leer..., 2. Comparar... , » o «Los personas participantes serán capaces de: 1. Analizar..., 2. Dialogar... ».

2. Tres categorías de objetivos de aprendizaje

Existen listas y categorías de verbos que abarcan las habilidades cognoscitivas, afectivas y psicomotoras de las personas, basadas en la clasificación o taxonomía creada por el sicólogo y educador Benjamín Bloom. La Tabla 3 presenta una lista de verbos que pueden ser útiles para completar este paso y están organizados en tres categorías (intelectual, afectiva, práctica) que indican el tipo de actividad o habilidad que los verbos enfatizan más; aunque pueden incluir otras actividades o habilidades también. Por ejemplo, al escribir utilizamos la habilidad intelectual, expresando en palabras nuestras emociones y convicciones (habilidad afectiva). La habilidad práctica es usar lo que escribimos para ofrecer soluciones ante un problema en la iglesia o la comunidad. Así que, dependiendo del verbo y como se describa su ejecución, todas las categorías pueden estar presentes, si bien en diferente grado.

Habilidad intelectual	Habilidad afectiva	Habilidad práctica
Definir — Recordar	Identificarse — Compartir	Dibujar — Escribir
Adquirir — Comparar	Apreciar — Valorar	Utilizar — Entrevistar
Identificar — Reconocer	Dramatizar — Simular	Diseñar — Producir
Articular — Parafrasear	Debatir — Dialogar	Crear — Componer
Examinar — Clasificar	Escuchar — Responder	Visitar — Trabajar
Analizar — Distinguir	Ayudar — Cooperar	Participar — Organizar
Argumentar — Resumir	Expresar — Comprometerse	Proponer — Servir
Juzgar — Evaluar	Decidir — Invitar	Ejecutar — Dirigir

Tabla 3. Tres categorías de verbos para la construcción de objetivos

C. Pasos 3 y 4: Cómo se va a enseñar y con qué recursos

Por su estrecha relación, explicaré los pasos 3 y 4 en forma conjunta. En el *paso 3* lo que corresponde es decidir sobre los métodos y actividades más apropiadas, tanto para el tipo de contenido que queremos enseñar como para las habilidades (intelectuales, afectivas y prácticas) de las personas que aprenden. Los objetivos siempre nos dan «una pista» del tipo de actividades que podemos utilizar. A nivel del programa general, lo recomendable es seleccionar una o dos actividades para cada objetivo, incluyendo métodos cuando sea posible. Las actividades dan una idea general de lo que se quiere hacer, en tanto que los métodos indican la manera concreta en que se quieren realizar las actividades. Una vez que hemos decidido sobre las actividades procedemos a enlistar los recursos necesarios para realizarlas. En la tabla 2 se puede apreciar claramente la relación progresiva entre objetivos, actividades y recursos. Solo quiero señalar aquí tres criterios que debemos tomar en cuenta en la selección de actividades y métodos en general.

En primer lugar, como ya hemos dicho, las actividades y métodos de la educación cristiana deben involucrar la capacidad de las personas de pensar, sentir y actuar. Deben ser actividades que integran «la cabeza, el corazón y las manos» porque, como dijo Jesús, debemos amar a Dios y a nuestro prójimo con todo nuestro ser (Mc 12:29-31). Las tres categorías de verbos de la tabla 3 arriba son una buena guía para lograr este balance.

En segundo lugar, las actividades y métodos que utilizamos en los programas educativos de la iglesia también deben incluir tantos estímulos sensoriales como sea posible. Ellos son lo que comúnmente llamamos el oído, la vista, el olfato, el gusto y el tacto. Un antiguo proverbio chino dice «oigo, entonces olvido; veo, entonces recuerdo; hago, entonces entiendo». En la primera carta de Juan se dice «lo que hemos oído, lo que hemos visto, lo que hemos contemplado, lo que nuestras manos palparon tocante al Verbo de vida... eso anunciamos» (1 Jn 1:1, 3). Así, el impacto de lo que se enseña y la permanencia de lo que se aprende aumenta al utilizarse, simultáneamente, varios canales sensoriales de comunicación en el proceso enseñanza-aprendizaje.

En tercer lugar, las actividades y métodos que utilizamos deben responder a las diferente maneras de aprender de las personas. En palabras del sicólogo y educador Howard Gardner, los maestros y maestras debemos atender a las distintas inteligencias que todos y todas poseemos. Gardner dice que todas las personas tenemos múltiples maneras de adquirir y procesar información, que algunos preferimos unas «inteligencias» sobre otras (dependiendo de factores hereditarios, historia familiar, trasfondo cultural entre otros) y que, al aprender, utilizamos varias inteligencias al mismo tiempo. La clave está en alternar, combinar y utilizar todas estas inteligencias en el programa educativo de la congregación. Así garantizamos que todas las personas tengan la oportunidad de aprender de diversas maneras. Con base en el trabajo de Thomas Armstrong (discípulo de Gardner), en la tabla 4 he elaborado un resumen de esas inteligencias utilizando categorías que considero útiles para completar eficazmente los pasos 2, 3 y 4 de esta segunda etapa.

Tipo de INTELIGENCIA	Las personas PIENSAN	A las personas LES GUSTA	Las personas NECESITAN	Debemos DECIDIR
1. Lingüística	utilizando palabras, ideas, conceptos abstractos	leer, escribir, oír y contar historias	libros, revistas, oportunidades para expresar sus ideas	¿cómo incorporar el lenguaje escrito y hablado?
2. Lógica-matemática	razonando, resolviendo problemas	resolver acertijos, armar rompecabezas, investigar, debatir	preguntas, oportunidades para buscar soluciones	¿cómo utilizar cálculos, problemas, clasificaciones, razonamientos?
3. Espacial	a través de imágenes y objetos concretos	diseñar, construir, distribuir, localizar, manipular	imágenes, diagramas, fotografías, mapas, manipular objetos	¿cómo incorporar ayudas audio-visuales, arte, objetos, símbolos?
4. Corporal/cinética	utilizando movimientos	danzar, dramatizar, hacer mimo, juegos activos	usar su cuerpo, estar en movimiento	¿qué tipo de juegos activos utilizar? ¿cómo incorporar el uso del drama y mimo?
5. Musical	con ritmos y melodías	cantar, imitar ritmos, escuchar música, tocar instrumentos musicales	oportunidades de oír música, cantar, tocar instrumentos, componer música	¿qué cantos, himnos, canciones populares, instrumentos puedo utilizar?
6. Interpersonal	conversando con otras personas	dirigir y organizar actividades, participar en clubes	estar en contacto con otras personas, ser parte de grupos sociales	¿qué actividades de trabajo en grupo se pueden organizar?
7. Intrapersonal	en silencio, a través de meditación personal	reflexionar a solas, mantener diarios, participar en retiros, proponerse metas	oportunidades para tareas individuales, escribir sobre lo que sienten y piensan	¿qué actividades individuales usar que evoquen sentimientos, recuerdos, sueños?
8. Naturalista	por el contacto directo o indirecto con la naturaleza	tener o cuidar animales, tener plantas, caminatas al aire libre, reciclar	contacto con objetos naturales, demostrar cuidado por la creación	¿cómo incorporar sonidos y objetos naturales y contacto con la naturaleza?

Tabla 4. Inteligencias múltiples y el proceso de la planificación educativa

Por último, dos comentarios en relación a los recursos. Por un lado, la importancia y valor que una iglesia da a la educación cristiana se demuestra en el porcentaje del presupuesto global que se le asigna. Sin embargo, pocas veces los líderes de educación cristiana poseen suficientes recursos económicos para realizar sus programas de manera óptima. Por otro lado, debemos recordar que las personas que sienten el llamado de Dios a servir en el ministerio educativo de la iglesia son su recurso más valioso. Por ende, es indispensable motivar y capacitar a los líderes, maestros y maestras de la iglesia para garantizar que el programa de educación cristiana tenga los mejores recursos humanos disponibles, aún cuando no se cuente con óptimos recursos económicos o materiales.

IV. Conclusión

La etapa de *decidir* demanda tanto o más tiempo que la primera etapa, y requiere un alto grado de compromiso y dedicación por parte del pastor y las personas miembros del comité de educación cristiana. En ella se da forma concreta al plan educativo de una congregación, conforme se van contestando cada una de las preguntas que constituyen sus cuatro pasos. Todas las decisiones que se toman vienen a ser parte del plan de educación cristiana. Es a la luz de este plan que se realiza la tercera etapa de la planificación, que consiste en *evaluar* en qué medida se lograron su objetivos. Explicar en qué consiste esta última etapa es lo que haremos en el próximo capítulo.

4

Etapa III de la planificación:
Evaluar

La tercera y última etapa de la planificación educativa nos invita a seguir el consejo del sabio en el libro de Proverbios: «examina la senda que siguen tus pies» (Pr 4:26a), y el consejo del apóstol Pablo: «examinadlo todo y retened lo bueno» (1 Ts 5:21). Estos consejos bíblicos respaldan la importancia que tiene la tercera y última etapa del proceso de planificación eficaz de un programa educativo. Los educadores la llamamos etapa de *evaluación*, y consiste en *determinar* el valor del trabajo que hemos realizado. El propósito de este capítulo es ofrecer una visión amplia de lo que es *evaluar* un plan educativo y explicar cómo se puede aplicar esa visión al programa general de educación cristiana de la iglesia.

I. ¿CUÁNDO EVALUAR?

A partir del diagrama 1, podemos distinguir dos momentos para evaluar. El primer momento se refiere a una serie de ocasiones en las que se toma tiempo para *evaluar* cómo van las cosas, cómo se está haciendo el trabajo y qué se ha logrado hasta ese momento. Esto permite que se puedan hacer ajustes, correcciones o cambios, en tanto el plan está en marcha. Los educadores y educadoras llamamos a este momento «evaluación formativa». Es la

53

que se realiza con el propósito de corregir o mejorar lo que se está haciendo mientras hay tiempo, antes de que se termine el plazo en que debe completarse el plan propuesto.

Evaluar cómo se está haciendo el trabajo y qué se logró	• En qué medida se están logrando los objetivos del programa educativo de la iglesia y si sus elementos están funcionando de acuerdo o no a lo planeado • En qué medida se lograron los objetivos una vez ejecutado el plan y qué factores contribuyeron para que así fuera

Diagrama 1. Tercera etapa de la planificación eficaz

Se pueden calendarizar dos o tres ocasiones durante la ejecución del plan para evaluar «cómo se está haciendo el trabajo». Por supuesto, pueden surgir otras oportunidades de evaluación formativa no planeadas que, debido a emergencias o eventos inesperados, llaman a un ajuste o cambio de planes a corto plazo o, inclusive, de manera inmediata.

El segundo momento de la etapa *evaluar* se realiza una vez que se ha ejecutado el plan, aún cuando no se haya realizado todo lo planeado. Este momento lo llamamos «evaluación sumativa», es decir, la que se realiza una vez que se han realizado todos los esfuerzos y considerado todos los factores que intervinieron en el cumplimiento total o parcial de un programa. La evaluación sumativa nos permite *determinar* qué resultados se obtuvieron y qué factores contribuyeron para que dichos resultados se dieran. Debe realizarse tan pronto como sea posible una vez concluido el plan. El impacto que tendrá esta evaluación sumativa sobre el nuevo plan del ministerio educativo de la congregación dependerá del tiempo que se dedique y el cuidado que se tenga para hacerla. Sin embargo, si el primer momento se realizó como es debido (evaluación formativa), este segundo momento se realizará de manera más rápida y eficaz.

II. ¿QUÉ EVALUAR?

Cuando se trata de *evaluar* el valor de programas educativos, existe el peligro de preocuparse únicamente por los resultados obtenidos al final: ¿cuántos objetivos se lograron?, ¿cuántas personas participaron en los programas?, ¿cuánto dinero se gastó? Pero *determinar* el valor de algo tiene que ver no sólo con «la cantidad» sino con la «calidad» de lo logrado y con la «calidad de los procesos» que permitieron el logro de resultados, cualquiera que éstos sean. Tanto en las ocasiones regulares de «evaluación formativa» como en el momento final de la «evaluación sumativa», debemos evaluar todos los elementos que contribuyen al desarrollo y realización del plan de educación cristiana. En la tabla 1 resumo estos elementos, y ofrezco una serie de preguntas para cada uno. En paréntesis indicó los verbos en tiempo pasado para cuando las preguntas se utilizan durante la «evaluación sumativa». Dichas preguntas tienen el propósito de ayudar a *determinar* en qué forma cada elemento contribuye o contribuyó en la implementación del plan.

Elementos del Plan	Tipo de preguntas a responder
Comité de Educación Cristiana	-¿Tiene (tuvo) claro la visión general de educación cristiana que sustenta todo el programa educativo de la congregación? -¿Se reúne (se reunió) regularmente para coordinar y supervisar el progreso de las distintas actividades del programa educativo? -¿Provee (proveyó) el apoyo, capacitación y motivación que los líderes, maestros y maestras necesitan (necesitaron) para cumplir sus funciones? -¿Cuenta (contó) con el apoyo del pastor o pastora?
Líderes, maestros y maestras	-¿Entienden (entendieron) lo que se espera de ellos y ellas? -¿Dedican (dedicaron) suficiente tiempo en la preparación de sus sesiones de enseñanza? -¿Reciben (recibieron) capacitación adecuada en el uso de materiales, métodos de enseñanza, doctrina e historia de la iglesia, entre otros temas posibles? -¿Participan (participaron) regularmente en la vida de la congregación? -¿Buscan (buscaron) conocer e identificarse con sus alumnos y alumnas, dentro y fuera de la congregación? -¿Están (estuvieron) atentos a lo que sucede en la vida de la iglesia, de la comunidad y de la sociedad en general?

Participantes del grupo o clase	-¿Asisten (asistieron) con regularidad a las actividades del programa educativo de la iglesia? -¿Muestran (mostraron) interés en los actividades planeadas? -¿Se sienten (sintieron) bienvenidos(as), aceptados(as), respetados(as) por todas las personas en su grupo y en la congregación?
Contenidos	-¿Están respondiendo (respondieron) a las necesidades e intereses de cada grupo y del medio social en que viven? -¿Permiten (permitieron) un balance de los distintos enfoques de educación cristiana (conocimiento bíblico, madurez cristiana, comunidad de fe, cambio social)? -¿Se sustentan (sustentaron) en principios sólidos de interpretación bíblica y teológica? -¿Contribuyen (contribuyeron) a la identidad histórica y teológica de la congregación?
Objetivos	-¿Están (fueron) claramente escritos para cada una de las áreas y programas del ministerio educativo de la congregación? -¿Involucran (involucraron) la habilidad de pensar, sentir y actuar de las personas?
Métodos	-¿Promueven (promovieron) la participación activa de las personas en el proceso enseñanza-aprendizaje, en la vida de la congregación, y en la comunidad? -¿Son (fueron) adecuados para el nivel de madurez física, emocional, intelectual y espiritual de las personas? -¿Integran (integraron) múltiples inteligencias y estímulos sensoriales para lograr un mayor impacto de lo enseñado y una mayor retención de lo aprendido?
Recursos	-¿Son (fueron) las personas responsables de las distintas actividades del programa (p.ej., voluntarios, conferencistas, maestros y maestras) suficientemente capacitadas y/o comprometidas con el Señor y con la iglesia? -¿Son (fueron) los materiales de estudio, los recursos didácticos y el espacio adecuados para las actividades propuestas? -¿Es (fue) suficiente el presupuesto asignado a las distintas actividades del programa?
Imprevistos	-¿Se dan (se dieron) situaciones dentro o fuera de la iglesia que afectan (afectaron) la implementación de las actividades del plan (p.ej., crisis económica, conflictos internos, conflictos sociales, fenómenos naturales)?

Tabla 1. Elementos a considerar en la evaluación formativa y en la evaluación sumativa

III. ¿QUIÉNES EVALÚAN?

De manera general, y al igual que en las etapas anteriores, los responsables de iniciar y realizar esta etapa son el comité de educación cristiana, y el pastor o la pastora de la iglesia. También, todas las personas involucradas en el programa educativo de la congregación deben ser invitadas a decir lo que sienten y piensan sobre «lo que se está haciendo» o sobre «lo que se hizo» en el programa de educación cristiana.

La persona con mayor responsabilidad en esta etapa, especialmente durante los momentos de evaluación formativa, es quien coordina el programa educativo de la iglesia. En las iglesias pequeñas, es responsabilidad del equipo pastoral ayudar a la persona encargada de la educación cristiana, sobre todo si ella lo hace de manera voluntaria. Precisamente, las funciones de un «superintendente», palabra que se usa en muchas iglesias para llamar a la persona encargada de la educación cristiana, son vigilar, coordinar y supervisar lo que se está haciendo y cómo se están haciendo las cosas. Esta funciones incluyen hacer evaluación formativa, de manera intencional y constante, y evaluación sumativa al final de cada programa o evento en la iglesia

IV. ¿CÓMO EVALUAR?

A continuación ofrecemos dos estrategias para evaluar los programas educativos de la iglesia local.

A. Usar el plan escrito a manera de mapa

Para realizar esta etapa podemos utilizar como modelo y criterio de análisis el plan que se escribe en la segunda etapa para el programa educativo de toda la iglesia. Recordemos que el plan general de educación cristiana lo forman el conjunto de planes que se diseñan para cada área del ministerio educativo. La idea es usar el plan escrito del mismo modo en que usamos un mapa cuando nos dirigimos a un lugar al que nunca hemos ido. El mapa nos permite verificar si vamos por buen camino o si nos salimos de la ruta originalmente planeada. Esto significa que hay que hacer «paradas» cada cierto tiempo para consultarlo. Las reuniones regulares del comité de educación cristiana deben cumplir ese propósito: tomar tiempo para revisar el plan para saber si vamos bien.

En el caso de la evaluación sumativa, debe realizarse una reunión para determinar si llegamos donde queríamos llegar y si llegamos como queríamos llegar. Esto se puede lograr a través de un retiro del comité de educación cristiana con el pastor o pastora y con todos los líderes de los distintos programas, o bien durante una sesión intensa de trabajo en una casa o en el templo al final de cada período en que debió concretarse el plan. En la tabla 2 presento un modelo de organización de un plan educativo que amplía el que presentamos en el capítulo anterior. Uso como ejemplo el programa de escuela dominical, pero puede adaptarse a otras áreas del programa educativo de la iglesia.

Plan de trabajo del programa de la escuela dominical

Iglesia: _____ Coordinador(a): _____
Período: ___ Anual, ___ Semestral, ___ Trimestral Año: ___ Pastor(a): ___
Propósito (visión) general del programa:

Grupo	Objetivos	Contenidos	Actividades/Métodos	Recursos
Pre-escolares Cantidad: ___ Maestra 1: ___ Maestro 2: ___ Lugar: ___ Hora: ___	1. ___ 2. ___ 3. ___ 4. ___ 5. ___	1. ___ 2. ___ 3. ___ 4. ___ 5. ___	1. ___ 2. ___ 3. ___ 4. ___ 5. ___	1. ___ 2. ___ 3. ___ 4. ___ 5. ___
Escolares Cantidad: ___ Maestra 1: ___ Maestro 2: ___ Lugar: ___ Hora: ___	1. ___ 2. ___ 3. ___ 4. ___ 5. ___	1. ___ 2. ___ 3. ___ 4. ___ 5. ___	1. ___ 2. ___ 3. ___ 4. ___ 5. ___	1. ___ 2. ___ 3. ___ 4. ___ 5. ___
Jóvenes Cantidad: ___ Maestra 1: ___ Maestro 2: ___ Lugar: ___ Hora: ___	1. ___ 2. ___ 3. ___ 4. ___ 5. ___	1. ___ 2. ___ 3. ___ 4. ___ 5. ___	1. ___ 2. ___ 3. ___ 4. ___ 5. ___	1. ___ 2. ___ 3. ___ 4. ___ 5. ___
Adultos Cantidad: ___ Maestra 1: ___ Maestro 2: ___ Lugar: ___ Hora: ___	1. ___ 2. ___ 3. ___ 4. ___ 5. ___	1. ___ 2. ___ 3. ___ 4. ___ 5. ___	1. ___ 2. ___ 3. ___ 4. ___ 5. ___	1. ___ 2. ___ 3. ___ 4. ___ 5. ___

Tabla 2. Modelo para la planificación de programas
de la educación cristiana

B. Acercarse a la gente para ver y oír

Otra forma de ejecutar esta etapa es hacer algunas de las mismas cosas que sugerimos para la etapa de *discernir*. Las personas encargadas de la educación cristiana deben aprender a leer el lenguaje «no-verbal» de quienes participan en todos sus programas. Los gestos y el lenguaje corporal reflejan emociones que muchas veces revelan que algo o está muy bien o anda mal. Como dijo alguien: si la congregación se está durmiendo durante el sermón, ¡hay que despertar al predicador!

También hay que prestar atención a los comentarios ocasionales que espontáneamente hacen las personas, sobre todo si expresan algún tipo de preocupación o insatisfacción. Ignorar por completo dichos comentarios sería un error, pero es necesario ponerlos en perspectiva para no darles más importancia de la que merecen. No obstante, con frecuencia, esos comentarios señalan algo que se está haciendo bien y que necesita ser resaltado, o hacen referencia a algo que no se está haciendo bien y que, por lo tanto, necesita ser corregido.

C. Acercarse a la gente para hacer preguntas

Otra manera de evaluar es haciendo preguntas cortas durante encuentros informales que tenemos con las personas. Deben ser dirigidas tanto al liderazgo como a los participantes en los distintos programas. Estas preguntas nos permiten conocer su opinión sobre aspectos generales o particulares del programa educativo. Veamos los siguientes ejemplos de preguntas:

- ¿Cómo estuvo la clase hoy?
- ¿Qué te gustó más del sermón?
- ¿Qué te pareció el culto?
- ¿Cómo te sentiste cuando...?
- Si tuvieras el poder para hacerlo, ¿qué cambiarías en...?

Como se puede observar, estas son preguntas que no se contestan con un «Sí» o un «No», pues permiten a las personas opinar libremente. Es importante que las preguntas no se refieran a personas en particular, sino a situaciones, eventos, o cosas concretas, pues la evaluación debe dirigirse a lo que se está haciendo y no en quien lo está haciendo.

Una forma simple y efectiva de hacer evaluación sumativa es plantear las siguientes tres preguntas:

1. *¿Qué debemos mantener?* Esta pregunta asume que hubo cosas que se hicieron muy bien en varios o en todos los componentes del programa

2. *¿Qué debemos mejorar?* En este caso se acepta que hubo cosas buenas e importantes, pero no se realizaron adecuadamente.

3. *¿Qué debemos cambiar?* Con esta pregunta reconocemos que hay ocasiones en las que los contenidos, actividades, o los recursos (humanos y materiales) no dieron los logros esperados o produjeron el impacto opuesto al esperado.

*Estas preguntas se p*ueden plantear en forma escrita a todo un grupo. Si se hacen en forma oral, alguien debe tomar nota de las respuestas ofrecidas. La forma oral es muy recomendable en el caso de los niños y niñas que no saben escribir, o en el caso de personas de avanzada edad o de poca escolaridad. En ambos casos, se debe indicar que las preguntas abarcan todos y cada uno de los elementos de un programa: contenidos, objetivos, actividades, y recursos (humanos, materiales, horario, y presupuesto).

IV. ¿PARA QUÉ EVALUAR?

El propósito fundamental de esta etapa es determinar si estamos creciendo en conocimiento, fe y obediencia al mensaje de Jesús a través del programa educativo de la iglesia. Evaluamos lo que hacemos en el ministerio educativo de la iglesia para determinar en qué medida y de qué manera estamos llegando «a la unidad de la fe y del conocimiento del Hijo de Dios, a un varón perfecto, a la medida de la estatura de la plenitud de Cristo» (Ef 4:13). Realizamos esta etapa para saber si, como comunidad de fe, estamos dando fruto y para valorar qué fruto estamos dando.

Desde el punto de vista de la planificación educativa en la iglesia, esta etapa cumple dos propósitos básicos: invitar al cambio y a la acción de gracias.

A. *Invitar al cambio*

El primer momento de esta etapa (evaluación formativa) invita a hacer ajustes y modificaciones en algunos de los elementos de un plan, sobre todo en relación a las actividades y recursos. Dichos ajustes y modificaciones se hacen sobre la marcha, con el propósito de que se cumplan los objetivos del programa de la mejor manera posible. Eso puede significar un ajuste en el horario de la escuela dominical, un cambio en el día de reunión del grupo de jóvenes, o un cambio en el orden de los temas de estudio bíblico, según las necesidades y recursos disponibles. La evaluación formativa invita a hacer cambios que, generalmente, no modifican los objetivos ni los contenidos planteados originalmente para un programa.

La evaluación sumativa, por su parte, invita a cambios que tienen que ver con los objetivos y contenidos del programa de educación cristiana. Se trata de cambios que tienen un impacto mayor en el diseño general del nuevo plan de educación cristiana. Por ejemplo, al final de un programa trimestral de estudios bíblicos sobre un libro particular de la Biblia, las personas pueden manifestar que sienten la necesidad de estudiar doctrinas centrales de la fe cristiana (p.ej., la creación, la salvación, la persona de Jesús o el reino de Dios). Esta petición invita a replantear los contenidos y objetivos para un nuevo programa, y probablemente, requerirá otra clase de actividades y recursos. Los cambios a los que la evaluación sumativa invita surgen de las repuestas que las personas a las preguntas: ¿qué mejorar?, y ¿qué cambiar?

B. *Invitar a la acción de gracias*

Karen Tye, educadora cristiana, dice que una de las funciones de la evaluación es ayudar a la iglesia a celebrar sus logros y sus aciertos. Es revelador que la única ocasión en la que los Evangelios nos presentan a Jesús expresando su gozo de manera abierta y pública es cuando sus discípulos regresan reportando el éxito que tuvieron en su primera misión (Lc 10:21). Al leer con cuidado todo el pasaje, su gozo no fue tanto por los resultados que ellos obtuvieron, sino por el hecho de que a Dios le plació usar a esas personas, sencillas y con poca o ninguna educación, para dar testimonio de su poder. Esta etapa nos invita a dar gracias porque, a pesar de nuestras limitaciones y faltas, Dios se place en usarnos en su servicio y nos permite también gozarnos al ver el fruto de nuestro trabajo. Debemos dar gracias a Dios, en privado y en público, por la presencia de su Espíritu que nos guía y nos sostiene. De igual forma, debemos ver esta etapa como una oportunidad para agradecer a todas las personas que colaboran de distintas maneras en el programa de educación cristiana y a aquellos que participan en él y reconocen los esfuerzos que el comité de educación cristiana realiza.

V. CONCLUSIÓN

Esta última etapa del proceso de planificación tiene cosas en común con la primera etapa. En ambas, es importante conocer lo que piensa y siente la gente. Para ambas, acercarse para ver y preguntar son acciones imprescindibles. Además, la información que se obtienen en esta tercera etapa (especialmente a través de la evaluación sumativa) es de inmenso valor a la hora de comenzar un nuevo ciclo de planificación. Por eso, como se indica en el diagrama 2, el proceso de planificación educativa puede concebirse como un proceso circular y no tanto como un proceso lineal.

Hemos completado así el estudio del proceso de planificación necesario para la realización de un ministerio educativo eficaz en la iglesia. Sin embargo, este proceso de planificación es sólo una herramienta que, para ser eficaz, requiere de la *vocación* de parte de quienes lo usan. Hemos explicado cómo las personas responsables de la educación cristiana pueden implementar este proceso de planificación en el programa general de educación cristiana. Corresponde en los próximos capítulos considerar formas en las que maestros, maestras y líderes de grupo en la iglesia, pueden utilizar este proceso en la preparación del *encuentro educativo* que, semana a semana, tienen con su grupo de estudio bíblico o de escuela dominical.

5

La planificación del encuentro educativo
Etapa I: Discernir

La educación cristiana es, sobre todo, una actividad relacional en la que personas seguidoras de Jesús se reúnen para conocer y apropiar su mensaje de vida, exhortándose mutuamente a obedecer ese mensaje en el mundo. Los planes escritos y los recursos materiales son medios pedagógicos que ayudan en ese *encuentro educativo*. Pero son el gozo y la responsabilidad con la que maestros y maestras asumen ese encuentro los que dan valor y eficacia a esos medios. El gozo lo produce el Espíritu Santo y la convicción de que lo que hacemos es para la gloria de Dios y la manifestación de su reino en la tierra. Este gozo se demuestra en el entusiasmo con que le servimos. La responsabilidad surge de la convicción de que la tarea que realizamos es de suma importancia para la vida de la iglesia y su misión en el mundo y se demuestra en el compromiso con que asumimos dicha tarea. El propósito de este capítulo, y el de los siguientes, es explicar cómo los maestros y las maestras de la iglesia pueden utilizar el proceso de planificación educativa en la preparación del *encuentro educativo* que semanalmente tienen con sus discípulas y discípulos.

I. El proceso de planificación y el encuentro educativo

Utilizo el término *encuentro educativo*, en vez del término «clase», por varias razones. Primero, para superar las imágenes escolares que vienen a la mente cuando se usa la palabra «clase», y para romper el estereotipo de que la educación cristiana es algo que sucede solamente en las aulas o salones de un templo. Un *encuentro educativo* se puede dar en la sala de un hogar, en un parque, a la orilla de la playa, bajo un árbol, o en un «café Internet». Segundo, porque el término *encuentro* sugiere que son el maestro, la maestra o el líder de grupo, quienes deben tomar la iniciativa de prepararse para recibir a quienes vienen a aprender de ellos. Tercero, porque el término *encuentro* asume un intercambio, un diálogo entre personas dispuestas a compartir y a aprender unas de otras. Es precisamente ese diálogo el que hace *educativo* el *encuentro*, el que permite enseñar y aprender de una manera eficaz.

El proceso de planificación para la preparación de un *encuentro* sigue las mismas etapas y los mismos pasos que explicamos y aplicamos para el programa educativo general de la iglesia (ver diagrama 1). La diferencia es que ahora quienes enseñan en el ministerio educativo de la iglesia deben completar todo el proceso de semana a semana. Lo que resta de este capítulo lo dedico a explicar cómo aplicar la primera etapa del proceso en el planeamiento del *encuentro*.

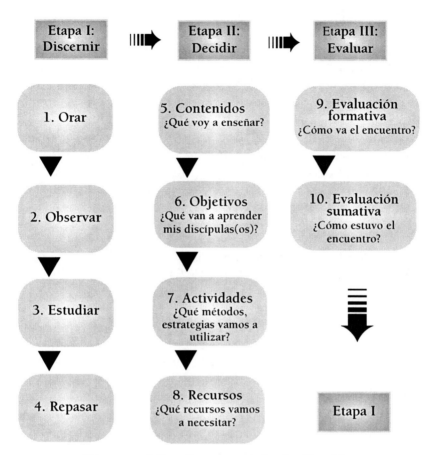

Diagrama 1. Los diez pasos de la planificación
del *encuentro educativo*

II. EL ENCUENTRO EDUCATIVO: PRIMERA ETAPA

Casi todo lo que dijimos en el capítulo dos sobre qué significan y cómo aplicar los pasos de la etapa de *discernir* para el caso de la planificación del programa educativo general de la iglesia, son igualmente válidos para el caso de la planificación del *encuentro*. Aquí, sólo quiero resaltar ciertas particularidades de cada uno de los pasos de esta etapa, porque en el *encuentro educativo* la dimensión relacional tiene mayor relevancia, dado el contacto más íntimo y regular del maestro o maestra con su grupo.

A. Paso 1: Orar

La sintonía con la voluntad de Dios y la empatía con las personas miembros de nuestro grupo, comienzan con y se nutren de la oración. Este primer paso debe realizarse durante la semana, y no se debe esperar a orar hasta el momento en que decidimos sentarnos para estudiar o escribir el plan del *encuentro*. Una manera de crear una disciplina de oración constante por aquellas personas a quienes enseñamos es mantener una lista de sus nombres (¡aún mejor, una fotografía de todo el grupo!) en la casa, en la oficina y, por qué no, en la Biblia. Así, cada vez que vemos la lista, o la fotografía, oramos por todas o por algunas de las personas en ella.

B. Paso 2: Observar

Recordemos que este paso consiste en ver y oír atentamente antes de actuar, de escuchar antes de hablar, de «tomar nota» de lo que sucede en la vida de las personas y en su entorno. Este paso permite al maestro y a la maestra discernir, semana a semana, aquellas necesidades e intereses a los cuales dedicar su atención y, seleccionar las acciones para responder a dichas necesidades e intereses. Siguiendo el método de Jesús, este paso consiste en escuchar primero, es decir, acercarse a, caminar con y hacerle preguntas a la gente.

Los maestros y las maestras tienen la oportunidad de oír y ver, «de primera mano», lo que piensan y expresan las personas miembros de su grupo cada vez que se reúnen. Recordemos que si queremos ser eficaces, lo que hacemos cuando enseñamos debe, de alguna manera, conectarse con lo que está sucediendo en la vida de nuestros discípulas y discípulos. Ésta es la razón principal de este paso: relacionar lo que enseñamos con la vida cotidiana de las personas.

Aparte del día de reunión con el grupo, hay otras maneras en que podemos acercarnos a las personas. Podemos hacer visitas ocasionales al hogar, invitarles a nuestra casa para una comida o para ver una película o, simplemente, para pasar un rato juntos. También podemos llamarlas por teléfono para saludar y saber cómo están, especialmente si sabemos que alguna de ellas tenía algún evento o situación importante durante la semana. Hoy día debemos estar dispuestos a utilizar el correo electrónico, mensajes de texto por celular y otros medios de interacción social que se ofrecen en el Internet (por supuesto, conscientes de los peligros y de los abusos a que ellos se prestan). El uso de la tecnología para comunicarse con las personas, sobre todo con las nuevas generaciones de niños, niñas y jóvenes, es una manera en que los maestros y maestras (¡y padres y madres también!) debemos aprender a «caminar a su ritmo» y a mejorar la comunicación con ellos y ellas.

La manera más directa de saber qué piensan, qué creen y qué hacen las personas, es preguntándoles. Por ejemplo, un maestro de niños y niñas de edad escolar puede hacerles preguntas como las siguientes:

➤ ¿Cuáles son sus programas de televisión favoritos? ¿Por qué?

➤ ¿Qué hicieron en la escuela esta semana? ¿Qué les gustó más? ¿Menos? ¿Por qué?

➤ ¿Qué cosas están sucediendo (en su casa, iglesia, barrio) que les alegra o les preocupa?

➤ ¿Qué piensan de lo que pasó esta semana (en la iglesia, en el barrio, en el país)?

Preguntas de este tipo nos permiten conocer aspectos del mundo de los niños y niñas a quienes enseñamos que no es posible conocer por simple observación cuando les vemos en la iglesia. Preguntas similares deben plantearse para cada grupo, según la edad y según el nivel de experiencia y círculo social en que se desenvuelven las personas. Pero hacer preguntas inteligentes y apropiadas significa que el maestro y la maestra están atentos a las cosas que suceden en el diario vivir, al nivel de la iglesia, de la sociedad y del mundo en general. En otras palabras, tratan de estar informados de los acontecimientos del entorno familiar, eclesial y social en que viven.

C. Paso 3: Estudiar

Los pasos 1 y 2 demandan del maestro y la maestra una disposición mayormente afectiva y relacional, esto es, acercarnos por la oración a Dios y por la observación a las personas a quienes servimos. A partir del paso 3, la disposición que se demanda es mayormente intelectual, esto es, la disposición de estudiar, de tomar tiempo para la lectura, la reflexión y el análisis.

1. Los tres «libros» a estudiar

Primero, debemos analizar todo lo observado en el paso anterior, tomando nota de los aspectos más sobresalientes que han sucedido durante la semana, en la iglesia, la comunidad y la vida de los miembros de nuestro grupo. Llamemos a esto el estudio del «libro de la vida cotidiana». Segundo, tenemos que leer, reflexionar y analizar el material que usamos para enseñar, lo que generalmente llamamos «el libro del maestro» o «el manual del líder». Se trata ahora de estudiar el contenido a enseñar para tener seguridad de que lo entendemos, para considerar formas de relacionarlo con la experiencia de vida de las personas que educamos y para considerar su fundamentación bíblica y teológica. Llamemos a este material el «libro impreso». Por supuesto, en todo *encuentro educativo* siempre utilizamos pasajes y textos bíblicos que proceden de la Biblia, a la que llamo «libro de Vida». Es aconsejable que en este paso utilicemos distintas versiones de la Biblia y que consultemos diccionarios y comentarios bíblicos. Esto por dos razones. Una, para constatar que la interpretación de la Biblia que se ofrece en los materiales impresos es apropiada y refleja un uso adecuado de ella. Dos, para ampliar nuestro conocimiento sobre conceptos y contenidos que nos pueden ser útiles a la hora del *encuentro* y, así, estar en mejores condiciones de contestar preguntas de los participantes. En la tabla 1 resumo la relación de este paso con estos tres «libros».

Estudiar (leer, reflexionar, analizar)		
Libro de la vida cotidiana	Libro impreso	Libro de Vida
-Sentir y pensar de los discípulos y discípulas, y sus características personales -Circunstancias de su entorno familiar y social	-Manual del líder y libro del alumno -Libros variados de estudio bíblico y de temas de la vida cristiana	-Biblia (varias versiones) -Recursos para el estudio bíblico (diccionarios y comentarios)

Tabla 1. Los tres «libros de estudio» del maestro y la maestra de educación cristiana

2. Cuánto, cuándo y cómo estudiar

En los capítulos anteriores, cuando me referí a la planificación del programa educativo general de la iglesia, indiqué que las personas encargadas de la educación de la iglesia deben estar dispuestas a invertir tiempo y esfuerzo para realizar las etapas y pasos requeridos. En el caso de la preparación del *encuentro* semanal, el llamado a invertir tiempo y esfuerzo es el mismo. Prepararlo como se debe toma horas. Hay que tomar tiempo para orar, tomar nota de nuestras observaciones, para estudiar y analizar el contenido que queremos enseñar y cómo lo vamos a relacionar con la vida de las personas. Es la única manera de superar el vicio de la improvisación. Es, también, la manera de demostrar la responsabilidad con que asumimos nuestra tarea.

Desafortunadamente, la mayoría de los maestros y maestras de educación cristiana dedican poco tiempo al estudio y preparación del *encuentro educativo* que semana a semana tienen con su grupo. Esta situación no es nueva. En 1988 se hizo una encuesta en los Estados Unidos para conocer el estado de la educación cristiana dentro de las iglesias protestantes. En una de las preguntas dirigidas a los maestros y maestras de escuela dominical, se les pidió que indicaran cuánto tiempo por semana dedicaban a la preparación de su «clase» (ver http://www.thearda.com/Archive/Files). Los resultados indicaron que de cada cien maestros y maestras entrevistados, 64 dedicaban a lo sumo una hora a la semana para su preparación del *encuentro*, 24 dedicaban entre una y dos horas, y sólo 12 dedicaban más de dos horas. Dudo que los resultados serían mejores si hacemos la misma pregunta hoy. Por supuesto, hay situaciones válidas que a veces nos impiden dedicar todo el tiempo requerido para estudiar los «tres libros» que he mencionado. En mi experiencia, tres horas a la semana es el tiempo mínimo recomendable para realizar este paso responsablemente, y dos horas el tiempo mínimo aceptable. No hay duda que esto requiere sacrificio y disciplina, pero el privilegio y responsabilidad de nuestro llamado a enseñar así lo demandan.

Si tenemos que estudiar a solas, lo ideal sería repartir este tiempo durante la semana y no dejarlo todo para la noche antes del *encuentro*. Si en la casa no contamos con un lugar en el que no tengamos interrupciones para nuestro estudio, debemos buscar otros lugares (p.ej., una biblioteca pública, un aula en el templo, un café Internet) o buscar la mejor hora para hacerlo.

Sería ideal si este paso se puede realizar en equipo o en parejas, sobre todo cuando hay más de un maestro o maestra para cada grupo. En mi experiencia pastoral, la «época de oro» de nuestro programa de escuela dominical fue cuando todos los maestros y maestras, junto con el pastor y la superintendente, nos reuníamos todos los sábados por la tarde para orar, estudiar los temas del encuentro educativo y planear las actividades para cada uno de los diferentes grupos. Las razones de este éxito fueron varias. Primero, el involucramiento del pastor, quien vio estas reuniones como una oportunidad de capacitar bíblica y teológicamente a los maestros y maestras. Segundo, la excelente tarea de coordinación y supervisión que realizó la encargada del programa de escuela dominical. Tercero, la motivación y compromiso de los maestros y maestras. Cuarto, la calidad bíblica, teológica y pedagógica del material que utilizamos. Y quinto, el hecho que usamos un material que permitía el estudio del mismo tema y los mismos textos bíblicos para todas las edades. De estas cinco razones, de las únicas que no siempre tenemos control son la calidad y el tipo de material disponible. Sin embargo, recordemos que el material es sólo un medio pedagógico. El éxito de un programa depende, en gran medida, del esfuerzo del pastor o pastora de la iglesia, de un buen trabajo de planificación por parte de la persona coordinadora de la educación cristiana, y del gozo y responsabilidad de las personas llamadas a servir en el ministerio educativo de la iglesia como maestros o como maestras.

D. Paso 4: Repasar

En este paso recordamos lo que hicimos en el *encuentro* anterior y lo que hemos hecho en los pasos 2 y 3 en preparación para el siguiente *encuentro*. Se trata de verificar que tenemos toda la información necesaria antes de iniciar la segunda etapa del proceso de planificación, *decidir*. En cuanto al repaso del *encuentro* anterior, nos interesa recordar la «evaluación sumativa» que debió hacerse al final del mismo y que, ahora, debe servirnos en la planificación del siguiente *encuentro* (ver tabla 2).

Evaluación sumativa	
Componentes educativos	**Preguntas**
Contenidos	-¿Se cubrieron todas las ideas sobre el tema que se planearon para el encuentro? -¿Se estudiaron todos los aspectos del tema al nivel de profundidad que se planeó? -¿Fueron apropiados para la edad y experiencia del grupo? -¿Hubo ideas que despertaron interés, resistencia o conflicto? -¿Hubo preguntas que quedaron sin responder?
Objetivos	-¿Describieron acciones que los participantes debían hacer para aprender los contenidos propuestos? -¿Lograron un balance entre las capacidades de pensar, sentir, y actuar de las personas? -¿Involucraron una variedad de «inteligencias múltiples»?
Actividades/ Métodos	-¿Fueron apropiadas para la edad del grupo? -¿Ayudaron al logro de los objetivos? -¿Se les asignó el tiempo apropiado para su realización? -¿Se organizaron en el orden adecuado? -¿Fueron bien dirigidas por la(s) persona(s) encargada(s)?
Recursos	-¿Fueron suficientes para el número de participantes en el grupo? -¿Fueron apropiados para el tipo de contenido y objetivos propuestos? -¿Fueron atractivos y/o despertaron el interés de los participantes?
Papel del maestro(a)	-¿Promoví la participación de todas las personas en el grupo? -¿Fui respetuoso(a) de las ideas y sentimientos expresados por distintas personas? -¿Me mostré/sentí preparado(a) para el *encuentro*? -¿Noté la ausencia de personas del grupo y reconocí la presencia de visitantes? -¿Me comprometí a hacer algo antes del siguiente *encuentro*?
Papel de los y las participantes	-¿Quiénes estuvieron ausentes? -¿Estuvieron apáticos o interesados? -¿Expresaron preguntas que quedaron sin responder? -¿Expresaron preocupaciones o situaciones personales que ameritan oración y seguimiento pastoral (de parte del líder o del pastor o pastora)?

Tabla 2. Preguntas para usar en la «evaluación sumativa» del *encuentro educativo*

En este paso también repasamos los hechos y situaciones más pertinentes que hemos podido observar durante la semana. Así mismo resumimos las ideas centrales y los aspectos más importantes del material que hemos estudiado en el paso 3. Una manera útil de hacer este repaso es subrayar o marcar el material de estudio con símbolos que nos ayuden a ubicar rápidamente las ideas o aspectos que consideramos importantes (p.ej., asteriscos o signos de admiración). Todo maestro y toda maestra, aparte de su Biblia y material impreso, debe tener un cuaderno de notas (o una carpeta) donde guardar sus apuntes y eventualmente el plan escrito para el *encuentro*. De momento, basta indicar que este resumen debe incluir lo siguiente:

> ➤Situaciones en la vida de las personas, o de su entorno familiar y social, que debemos tomar en cuenta de alguna manera durante el *encuentro*
> ➤Ideas, conceptos, definiciones que son centrales para el *encuentro*
> ➤Actividades y recursos sugeridos en el «manual del líder»

IV. CONCLUSIÓN

Es muy probable que la escuela dominical es la única oportunidad durante toda la semana que tienen la mayoría de los miembros de nuestras iglesias para estudiar y meditar, de manera intencional y regular, en torno al mensaje de la palabra de Dios para sus vidas. Esto es suficiente razón para esforzarnos por hacer lo mejor durante el tiempo limitado que tenemos cada semana. No importa la edad del grupo al que enseñemos, ni el lugar donde lo hacemos; nuestra responsabilidad de orar, observar, estudiar y repasar es la misma. Si lo hemos hecho con gozo, estamos más que preparados y preparadas para asumir la siguiente etapa de planificación del *encuentro educativo* la cual explicaremos en el siguiente capítulo.

6

Etapa II: Decidir qué enseñar y qué aprender

Cada semana, antes de salir al *encuentro educativo* con nuestros discípulos y discípulas, debemos tomar decisiones sobre los contenidos a enseñar, las actividades a realizar, el tipo de instrucciones que hay que dar y los tipos de preguntas que hay que hacer, y hasta los arreglos del lugar y el ambiente donde vamos a enseñar. Donald Griggs, educador cristiano de amplia experiencia, sugiere una lista de preguntas que hay que responder a la hora de *decidir* el plan que queremos implementar en cada *encuentro*. Sin embargo, siguiendo su propio ejemplo, considero que las preguntas más importantes que debemos contestar son las cuatro que estudiamos en el capítulo 3 (ver diagrama 1). Allí las aplicamos a la planificación del programa general de la educación cristiana de la iglesia. Ahora nos toca utilizarlas en la preparación del *plan de enseñanza* para el *encuentro educativo* que semana a semana tenemos con las personas a quienes enseñamos.

Decidir	• PASOS
Contenidos	• 1. ¿Qué se va a enseñar?
objetivos	• 2. ¿Qué se va a aprender?
Actividades/Métodos	• 3. ¿Cómo se va a enseñar/aprender?
Recursos	• 4. ¿Con qué recursos?

Diagrama 1. Segunda etapa de la planificación eficaz

Para dar la debida atención a cada una de las preguntas, explicaré las primeras dos en este capítulo y las dos restantes en el próximo. En conjunto, las cuatro preguntas demandan que el maestro o la maestra ejerza una función que pocas veces asumen y que, por falta de capacitación, aún menos entienden: la de ser escritores y escritoras del *plan de enseñanza* del *encuentro educativo*. Por eso, antes de explicar las dos primeras preguntas, quiero ofrecer una reflexión sobre el significado de esa función y la importancia de asumirla como parte de nuestra responsabilidad de servir en el ministerio educativo de la iglesia.

I. ESCRITORES Y ESCRITORAS DEL PLAN DE ENSEÑANZA

Contar con un *plan de enseñanza* para cada *encuentro educativo* es la manera de presentarnos debidamente preparados ante nuestros discípulos y discípulas. Las respuestas que damos a las cuatro preguntas que conforman esta etapa nos ayudan a preparar ese *plan*. Dichas respuestas proveen el material necesario para escribir el plan de enseñanza. Por tanto, en esta etapa nos convertimos en «escritores y escritoras» de nuestro propio currículo de educación cristiana. Sea que contemos con un material impreso como base para hacerlo o que éste no exista del todo, la responsabilidad de escribir un plan de enseñanza es la misma. Veamos ambos casos.

A. Cuando existe material escrito

Para estar realmente preparados para el *encuentro educativo*, quienes enseñamos tenemos la responsabilidad de escribir nuestro propio plan de enseñanza. Para hacerlo, se utiliza como base «el libro del maestro» o «el libro del líder» provisto por la persona a cargo de coordinar el programa de educación cristiana. Algunas razones por las que debemos escribir nuestro propio plan de enseñanza son las siguientes:

> ➤ Las casas publicadoras producen materiales pensando en temas y situaciones generales que no siempre responden a las necesidades, intereses y situaciones concretas ni de la iglesia en general ni de nuestro grupo en particular. Quienes escriben estos materiales lo hacen pensando en características comunes de las personas, pero solo nosotros conocemos a nuestros discípulos y discípulas «con nombre y apellido»;

> ➤ La cantidad de contenido que cubren los materiales es, por lo general, extenso y, en ocasiones, es presentado de manera compleja o confusa. Quienes enseñamos tenemos la responsabilidad de escoger el contenido más apropiado a la situación particular de nuestro grupo, de seleccionar la cantidad de contenido que es posible estudiar dentro del tiempo que tenemos para enseñarlo y, a menudo, de presentarlo de una manera más clara y simple;

> ➤ Las actividades propuestas en los materiales impresos con frecuencia asumen recursos y condiciones económicas fuera del alcance de las iglesias (sobre todo de congregaciones pequeñas), o asumen habilidades que van más allá de la experiencia y conocimiento de quienes enseñan. Esto requiere hacer adaptaciones o modificaciones a dichas actividades, y en ocasiones, hasta descartar algunas.

B. *Cuando no existe material escrito*

Es más urgente y necesario poner por escrito el plan de enseñanza si tenemos que enseñar sobre asuntos que surgen de la vida cotidiana de las personas o sobre ciertos temas teológicos pertinentes. Esta situación, generalmente, demanda más tiempo para investigar, analizar y sintetizar la información que debemos enseñar. Igual, tenemos que responder a las preguntas: ¿qué voy a enseñar?, ¿qué van a aprender las personas?, ¿cómo voy a enseñar?, y ¿con qué recursos voy a enseñar? La diferencia es que, en este caso, no contamos con una guía escrita que provea sugerencias de contenidos, objetivos, actividades y recursos y que el orden en que debemos realizar las actividades. De ahí la urgencia y necesidad de desarrollar, «desde cero», el plan del *encuentro*. Sin un plan escrito, es más fácil olvidar algunas de las cosas más importantes qué debemos decir o hacer, es más difícil dirigir el encuentro de la mejor manera posible, y son mayores las probabilidades de que caigamos en la tentación de improvisar, de hacer las cosas «a lo que salga».

II. DECIDIR LA IDEA CENTRAL: ¿QUÉ VOY A ENSEÑAR?

Una de las claves de un plan de enseñanza efectivo es tener claro el mensaje central que se quiere comunicar durante el *encuentro educativo*. Presentarse ante un grupo sin estar seguros de los conceptos sobre los cuales se va a dialogar, sin tener organizadas las ideas que queremos transmitir, y sin ser capaces de expresar en palabras propias la esencia de lo que se quiere enseñar, es un acto irresponsable y por ello reprensible. Por eso, la primera pregunta que debemos responder en esta etapa es: *¿qué voy a enseñar?*

A. Idea central: La enseñanza en esencia

La *idea central* resume, en unas pocas palabras, el contenido que deseamos enseñar. En algunos materiales de educación cristiana se llama «propósito general», «idea principal», «mensaje central» u otros más. Cualquiera sea el término que usemos, lo importante es expresar con nuestras propias palabras el contenido explícito de nuestra enseñanza. Al escribir la idea central debemos:

➤ Emplear términos que sean comprensibles para las personas miembros del grupo, es decir, apropiados para su edad y su nivel de formación académica;

➤ Conectar las ideas tanto con el mensaje bíblico como con la experiencia de vida de los participantes;

➤ Escribir párrafos cortos compuestos de oraciones cortas, sobre todo si enseñamos a niños y niñas de edad pre-escolar y escolar;

➤ Desarrollar dos o tres ideas a lo sumo, sin tratar de abarcar muchos temas o conceptos al mismo tiempo;

Para ilustrar esta parte del plan de enseñanza, supongamos que en el grupo al que enseñamos hemos percibido un interés por saber más acerca del tema de la oración. A continuación presento tres ideas centrales para tres grupos diferentes bajo el mismo tema general de la oración.

Idea central 1: Dios quiere que le pidamos lo que necesitamos. Debemos hacerlo de la misma manera en que pedimos cosas a nuestros papás y mamás. Debemos hacerlo con confianza, sabiendo que Dios nos ama, nos escucha y quiere lo mejor para nosotros.

Idea central 2: Para hablar con Dios no hay que usar palabras complicadas, ni hacer gestos especiales que llamen la atención de la gente que nos rodea. Jesús enseñó a sus discípulos a que oraran en privado, en el cuarto de su casa. Así, todos los días, los seguidores y seguidoras de Jesús podemos pedirle a Dios las cosas que necesitamos, confiados de que Dios nos ama y nos escucha.

Idea central 3: La oración que Jesús enseñó a sus discípulos es el modelo que guía a sus seguidores y seguidoras para saber por qué cosas orar y cómo orar. Debemos orar pidiendo primero por lo que Dios quiere: que su nombre sea santificado, que su reino venga y que su voluntad sea hecha en la tierra. Segundo, oramos por nuestras necesidades materiales (el pan de cada día) y espirituales (perdón y poder para vencer el mal). Tercero, debemos orar no sólo por nuestras necesidades personales, sino también por las de nuestro prójimo. Por eso Jesús nos invita a pedir por nuestro pan, nuestro perdón y nuestra liberación del poder del mal.

El tamaño, número de oraciones y la complejidad del lenguaje indican que cada una de estas ideas centrales está dirigida a grupos de personas de diferentes edades. Así, la primera idea central está diseñada para niños y niñas de edad pre-escolar; la segunda para niños y niñas de edad escolar e inclusive a adolescentes; y la tercera para jóvenes y adultos. Mi intención con estos ejemplos es que las personas tengan modelos o criterios de comparación cuando examinen las ideas centrales que proveen los materiales de educación cristiana y cuando tengan que escribir las suyas propias.

Resumiendo, la *idea central* representa la esencia de lo que esperamos quede en la mente y en el corazón de las personas de nuestro grupo una vez que el *encuentro educativo* haya finalizado. Ella sintetiza lo que esperamos nuestros discípulas y discípulos puedan decir o demostrar si alguien les pregunta: «y usted, ¿qué aprendió hoy?»

B. La idea central: Sus fuentes

La *idea central* surge de los tres «libros» que conforman el currículo general de todo *encuentro educativo*, como se indica en el diagrama 2. Sin importar cuál de ellos sirve de punto de partida, lo crucial es que exista una integración de todos ellos para que la *idea central* del *encuentro* no sólo corresponda al «libro del maestro», sino para que sea congruente con el mensaje bíblico y sea pertinente a la vida y circunstancias de aquéllos a quienes enseñamos.

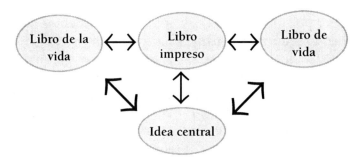

Diagrama 2. Las fuentes que nutren la idea central del encuentro educativo

Finalmente, no podemos olvidar que en todo *encuentro educativo* hay siempre un contenido «implícito». Es el contenido que comunicamos con nuestros gestos, con la afectividad y entusiasmo con que hacemos las cosas, con el ambiente de confianza y respeto que creamos durante el *encuentro*. Es probable que, con el tiempo, las personas olviden la mayor parte del contenido «explícito» que les enseñamos. Lo que probablemente nunca olvidarán son aquellos detalles y acciones que realizamos para hacerlas sentir amadas, respetadas, bienvenidas, aceptadas o que, lamentablemente, les hicieron sentir todo lo contrario.

III. Decidir los objetivos: ¿Qué se va a aprender?

En el capítulo 3 explicamos por qué es importante esta pregunta y qué es lo que involucra la construcción de objetivos para el programa general de educación cristiana de la iglesia. Aquí haré un breve repaso de los principios y las prácticas que allí sugerí, e ilustraré cómo aplicarlos al caso específico de la planificación del *encuentro educativo*.

A. Aprendemos haciendo

El principio pedagógico detrás de esta pregunta es que «aprendemos haciendo». El conocimiento no es algo que se deposita en las mentes de las personas. Es algo que se construye a partir de lo que las personas hacen con la información que se les presenta y con las experiencias que se les permite tener. Por eso, tan importante es decidir *qué contenidos* queremos enseñar como lo es decidir qué tipo de *participación* queremos que las personas tengan en el proceso de aprender esos contenidos. El aprendizaje que se espera de ellas se expresa a través de *objetivos*. Estos objetivos tienen un carácter general cuando se trata de todo el programa educativo de la iglesia, y se logran en un período más o menos largo de tiempo (un trimestre, un semestre, o un año). En el caso de los objetivos de un *encuentro* educativo, estos tienen un carácter más específico y deben cumplirse en un tiempo relativamente corto, generalmente, una hora o menos.

Los maestros y maestras de educación cristiana, normalmente, no tienen que escribir los objetivos de una «lección» pues estos ya vienen escritos en el «manual del maestro». Pero hemos insistido que es nuestra responsabilidad escribir nuestro propio *plan*, y eso incluye los objetivos del *encuentro*. Recordemos que, con frecuencia, las «lecciones» del currículo de educación cristiana son escritas por personas que conocen el contenido que quieren enseñar pero que no tienen la formación pedagógica para escribir objetivos de aprendizaje.

B. Objetivos: Sus funciones pedagógicas

Los objetivos de aprendizaje cumplen tres funciones pedagógicas fundamentales en el proceso de enseñar y aprender. Primero, ellos orientan el trabajo de quienes enseñan pues sirven de guía en la ejecución del plan del *encuentro educativo*. Segundo, ellos resumen el trabajo que deben realizar quienes aprenden, asegurando su participación en el acto de aprender. Tercero, los objetivos de aprendizaje permiten a ambos (a quienes enseñan y a quienes aprenden) determinar en qué medida se han logrado los objetivos del *encuentro*. En otras palabras, ellos nos sirven como criterio para evaluar qué tan bien estamos haciendo las cosas como maestros y maestras, y qué tan bien están haciendo las cosas nuestros discípulos y discípulas.

C. Objetivos: Condiciones para su elaboración

En el capítulo 3 mencionamos una serie de condiciones que deben cumplir los objetivos de aprendizaje. Ellas deben usarse como criterios para juzgar la calidad de los objetivos que presentan los materiales impresos y para elaborar nuestros propios objetivos. Dichas condiciones establecen que los objetivos de aprendizaje:

1. Se escriben en función de lo que los participantes de un grupo deben hacer; esto se logra encabezando la lista de objetivos con frases como «durante el *encuentro* las personas podrán» o «durante el *encuentro* las personas tendrán la oportunidad de»;
2. Comienzan con un verbo, indicando la acción que se espera que los participantes realicen durante el *encuentro educativo*;
3. Utilizan verbos que indican acciones «observables»; deben evitarse verbos como «entender, comprender, pensar, reflexionar»;
4. Indican las condiciones y la manera en que se realiza la acción;
5. Alternan o combinan acciones que involucran la capacidad de pensar, sentir y actuar de las personas, de acuerdo a su edad y su desarrollo, físico, emocional, intelectual y espiritual.

D. Objetivos: Seis categorías

También en el capítulo 3 presenté una lista de verbos que se utilizan en la construcción de objetivos, clasificándolos en tres grupos de acuerdo a la habilidad que ellos enfatizan (intelectual, afectiva, práctica). La tabla 1 contiene una lista similar de verbos, clasificados de acuerdo a seis tipos de acción que queremos que todas las personas realicen durante un *encuentro educativo*.

Tipos de acción	Recordar/ memorizar (información, fechas, datos, eventos, lugares nombres)	Comparar/ comprender (definiciones, conceptos, símbolos, relaciones causa-efecto)	Interpretar/ analizar (problemas, teorías, textos, situaciones, perspectivas, argumentos)	Crear/ expresar (cosas, soluciones, valores, sentimientos, emociones)	Aplicar/ practicar (conceptos, nuevas ideas, habilidades, métodos, técnicas)	Decidir/ juzgar (acciones, actitudes, valores, perspectivas, metas)
Verbos	nombrar encontrar definir repetir localizar hacer una lista identificar parafrasear	distinguir seleccionar contrastar clasificar categorizar escoger articular describir	explicar sugerir opinar discutir explorar examinar preguntar cuestionar	proponer diseñar construir dramatizar cantar dibujar escribir componer	planear organizar demostrar establecer imaginar simular ponerse en el lugar de	participar actuar trabajar servir ayudar determinar evaluar escoger

Tabla 1. Seis categorías de verbos para la construcción de objetivos de aprendizaje

E. Idea central y objetivos

Los objetivos deben escribirse en estrecha relación con la *idea central*. Sin ella, los objetivos no tienen dirección. Por un lado, la idea central señala la meta del *encuentro educativo*, apunta a un lugar definido de llegada. Por otro, los objetivos son como señales en el camino que nos dan la dirección de cómo llegar a esa meta. Por eso, en este capítulo, hemos considerado juntas las preguntas ¿qué enseñar? y ¿qué aprender?

Finalmente, con el propósito de ir construyendo un *plan de enseñanza* que ejemplifique los principios y prácticas de este capítulo, presento los siguientes objetivos con base en la «idea central 3» de la sección anterior, la cual está dirigida a personas jóvenes o adultas. Ellos también nos servirán de base para nuestra reflexión en el próximo capítulo.

Idea central 3: La oración que Jesús enseñó a sus discípulos es el modelo que guía a sus seguidores y seguidoras para saber por qué cosas orar y cómo orar. Debemos orar pidiendo primero por lo que Dios quiere: que su nombre sea santificado, que su reino venga y que su voluntad sea hecha en la tierra. Segundo, oramos por nuestras necesidades materiales (el pan de cada día) y espirituales (perdón y poder para vencer el mal). Tercero, debemos orar no sólo por nuestras necesidades personales, sino también por las de nuestro prójimo. Por eso Jesús nos invita a pedir por nuestro pan, nuestro perdón y nuestra liberación del poder del mal.

Objetivos

Durante el *encuentro* las personas tendrán la oportunidad de:

1. Recitar la oración del «Padrenuestro». *(recordar/memorizar)*
2. Enumerar en su Biblia las peticiones contenidas en la oración. *(recordar/memorizar)*
3. Clasificar las peticiones en dos grupos: aquellas que tienen que ver con «las cosas de Dios» y aquellas que tienen que ver con «las cosas de los seres humanos». *(comparar/comprender)*
4. Discutir, en grupos de tres personas, por qué las peticiones que tienen que ver con «las cosas de Dios» están primero en la oración. *(interpretar/analizar)*
5. Explicar, dando al menos dos razones, por qué las peticiones que tienen que ver con «las cosas de los seres humanos» están expresadas en primera persona plural. *(interpretar/ analizar)*
6. Escribir, en parejas, una oración con diez peticiones que reflejen las dos categorías y el orden de prioridad de las peticiones del «Padrenuestro». *(crear/expresar; aplicar/practicar)*
7. Evaluar su práctica de oración, en relación al orden de prioridad de nuestras peticiones y en relación a la presencia de nuestro prójimo en nuestras peticiones. *(decidir/juzgar)*
8. Comprometerse a orar por las necesidades más urgentes de la familia, la iglesia y el mundo. *(aplicar/practicar)*

IV. CONCLUSIÓN

Preparar el *plan* de un *encuentro educativo* debe ser, para el maestro y la maestra, como alistarse para salir a ver a un grupo de personas muy importantes, o como preparar una cena para invitados muy especiales. En el primer caso, se trata de vestirnos apropiadamente; es decir, de una manera atractiva pero respetuosa a la vez. En el segundo caso, se trata de preparar una combinación de platillos que no solo sean nutritivos sino que, al mismo tiempo, demuestren delicadeza y gusto a la hora de compartirlos. Si así lo hacemos, nuestros discípulos y discípulas querrán siempre que les vayamos a ver, querrán siempre sentarse a la mesa con nosotros. Pero todavía el plan no está completo. Estamos, como quien dice, a medio vestir; aún faltan ingredientes para completar la cena. Pasemos, entonces, al próximo capítulo.

7

Etapa II: Decidir cómo y con qué enseñar

En el capítulo anterior completamos la primera mitad del *plan del encuentro educativo*. En ella decidimos a dónde queremos llegar (*idea central*) y las señales que nos van a guiar para llegar a ella (*objetivos de aprendizaje*). Nos toca ahora decidir cómo recorrer ese camino (*actividades y métodos*), y qué necesitamos llevar (*recursos*) para completar el plan. De esta manera, y usando las imágenes que usé al final del capítulo anterior, estaremos listos y listas para salir al *encuentro* de las personas a quienes enseñamos, para sentarnos a la mesa a compartir lo que hemos preparado para ellas.

I. DECIDIR ACTIVIDADES Y MÉTODOS

El tercer paso en la elaboración del *plan del encuentro* es decidir cuáles actividades y qué métodos de enseñanza y aprendizaje vamos a utilizar. Por lo general, los manuales que usan los maestros y las maestras indican una serie de actividades, y sugieren el orden en que estas deben realizarse. Pero, en última instancia, quienes enseñan deben decidir qué hacer, cómo y cuándo hacerlo, porque son ellas las que saben el tiempo disponible, las condiciones del espacio donde enseñan, y las necesidades e intereses de las personas a quienes enseñan. En esta sección quiero repasar algunos de los conceptos que dijimos en el capítulo 3 sobre criterios para la selección de actividades, para luego añadir otros principios y prácticas que ayuden a maestros y a maestras a adaptar las actividades sugeridas en los materiales y que les permitan diseñar sus propias actividades. Finalmente, quiero proponer una manera de organizar las actividades para dar fluidez y dirección al *encuentro educativo*.

II. LA RELACIÓN ENTRE OBJETIVO, ACTIVIDAD Y MÉTODO

Los objetivos guían las actividades a través de las cuales queremos que las personas aprendan durante el *encuentro educativo*. Los métodos proporcionan maneras de realizar dichas actividades. Para entender esta relación entre objetivo, actividad y método, utilicemos como ejemplo el objetivo 1 que planteamos al final del capítulo anterior. Según este objetivo, la actividad que las personas han de realizar es *recitar* la oración del Padrenuestro. Sin embargo, dependiendo de la edad y experiencia de las personas miembros del grupo, el maestro o la maestra deben decidir la mejor manera de ejecutar la actividad, es decir, el mejor método. Esta actividad podría realizarse utilizando uno o más de los siguientes métodos:

1. Cada persona repite la oración en voz baja
2. Cada persona repite en su mente la oración mientras alguien la lee, la recita o la canta
3. Todas las personas repiten la oración al unísono

Los métodos 1 y 2 promueven una actitud de introspección y privacidad que apuntan al consejo de Jesús de orar «a puerta cerrada» (Mt 6:6). Sin embargo, el método 1 asume que las personas conocen de memoria el Padrenuestro. El método 2 sería más aconsejable si sabemos que en el grupo hay personas que no conocen de memoria la oración. El método 3 proporciona un sentido de unidad grupal que enfatiza el espíritu comunitario y solidario del Padrenuestro: «el pan nuestro, nuestras ofensas, no nos dejes caer, líbranos del mal» (Mt 6:9-13). Inclusive, los métodos podrían combinarse. Ninguno de los métodos es mejor que los otros. La selección de uno de ellos depende de las características del grupo y de lo que el maestro o maestra quiere enfatizar a través de la actividad. Este ejemplo ilustra, no sólo la relación entre objetivos, actividades y métodos, sino el proceso de decisión que se requiere para seleccionar actividades de enseñanza y aprendizaje. De enseñanza porque son preparadas y organizadas por quienes deben enseñar; de aprendizaje porque a través de ellas los participantes del grupo aprenderán la idea central del *encuentro educativo*.

III. Principios pedagógicos para la selección de actividades

En el capítulo 3 mencioné tres criterios que debemos seguir a la hora de seleccionar actividades para el *encuentro*. Allí dijimos que, en conjunto, las actividades deben:

1. Involucrar la capacidad de las personas de pensar, sentir y actuar (planear actividades relacionadas con las seis categorías de verbos de la Tabla 1 en el capítulo anterior, es una manera de asegurarnos de que así sea);
2. Incluir tantos estímulos sensoriales como sea posible (el oído, la vista, el tacto, el olfato, el gusto);
3. Alternar y combinar las múltiples maneras en las que las personas adquieren y procesan información (lo que Howard Gardner llama «inteligencias múltiples»).

Además de estos tres criterios, hay ciertos principios pedagógicos que deben guiar el proceso de selección y diseño de las actividades de enseñanza y aprendizaje. A continuación explico aquellos que considero fundamentales para la eficacia del plan del *encuentro educativo*.

➤ **Entre más abstracto sea el contenido de la *idea central* del *encuentro*, mayor la necesidad de incorporar actividades que ayuden a hacer visible y palpable dicho contenido.** Por ejemplo, el pan y el vino son señales visibles, palpables, gustativas y hasta olfativas del misterio de la encarnación de Dios en Jesucristo y de su muerte en la cruz. ¿Cómo no usarlos como parte de un *encuentro* en el que queremos enseñar sobre el significado de la Santa Cena? Planear un *encuentro educativo* sobre el tema del bautismo y no incluir en una actividad el elemento del agua (visible y palpable) es reducir significativamente la eficacia de la enseñanza y el aprendizaje.

➤ **Entre menor sea la edad de los participantes, mayor la necesidad de incorporar estímulos sensoriales y ejemplos concretos.** Este principio está relacionado con el anterior, pero en este caso se presta atención a la capacidad cognoscitiva de las personas según la edad. Por ejemplo, sabemos que, por regla general, no es hasta después de los once o doce años que las personas demuestran su capacidad de pensar ideas en abstracto (sin referencia a algo visible o palpable) y de utilizar procesos de razonamiento lógico (p.ej., seguir procesos deductivos o inductivos de pensamiento). No deja de ser revelador el hecho de que es a la edad de doce años que Jesús se sienta a escuchar y a preguntar a los "doctores de la ley» y, aún más, a maravillarles por «su inteligencia y sus respuestas» (Lc 2:46-47).

➤ **Entre menor sea la edad de los participantes, mayor la necesidad de alternar y variar actividades y mayor la necesidad de realizar actividades que involucren movimiento, interacción y expresión creativa.** Actividades que son de carácter muy pasivo (p.ej., escuchar una presentación o conferencia sobre un tema, o que involucre estar sentados por mucho tiempo) hacen que las personas pierdan concentración e interés en lo que se está haciendo. Variedad y movimiento son elementos claves cuando se trabaja sobre todo con niños y niñas y con adolescentes.

➤ **Entre mayor sea la edad de los participantes, mayor la necesidad de incluir actividades de carácter investigativo o que provean múltiples perspectivas sobre un mismo tema.** A partir de la edad escolar, pero sobre todo a partir de la adolescencia, las personas comienzan a darse cuenta de que existen una gran variedad de realidades humanas, de maneras de pensar y de actuar. Actividades que no permiten a las personas cuestionar, o hacer preguntas «incómodas», o a plantear perspectivas diferentes sobre un asunto o tema, pueden desanimar a muchas personas que están en una etapa de búsqueda de sentido para su fe en medio de un mundo cada vez más complejo. Esto es especialmente cierto en personas en la etapa de la adolescencia, juventud e, incluso, en la edad adulta.

➤ **Entre mayor sea la relación de las actividades con la vida real, mayor será el impacto educativo de las mismas, sin importar la edad de las personas.** La mejor manera de enseñar sobre las palabras de Jesús cuando dijo «en cuanto lo hicisteis a uno de estos mis hermanos más pequeños, a mí lo hicisteis» (Mt 25:40), es organizar una actividad para visitar a una persona enferma en la congregación, o proponer la organización de un ministerio de visitación a las cárceles, o participar en esfuerzos de la comunidad para proveer de ropa y alimento a familias pobres. Nada puede sustituir la eficacia de aquello que se puede experimentar en el contexto mismo del diario vivir.

IV. ALGUNAS CONSIDERACIONES PARA LA SELECCIÓN DE MÉTODOS

Los métodos deben corresponder al tipo de actividades que han sido escogidas para un *encuentro educativo*. De tal manera que, si una actividad involucra la interacción entre personas, el método debe permitir y facilitar dicha interacción. En la tabla 1 propongo una clasificación de algunos de los métodos más comunes y sugiero una lista de posibles actividades de enseñanza que los acompañan. Los he clasificado dentro de los cuatro enfoques de educación cristiana que explicamos en el capítulo 3. Al igual que con esos enfoques, todos los métodos tienen su lugar y su tiempo. Todos son necesarios e importantes. Ellos se complementan, y ninguno por sí mismo es suficiente. Por lo tanto, el hecho de que ubique un método bajo uno de los enfoques no quiere decir que no puede usarse bajo otro enfoque diferente. Lo que quiero resaltar es el enfoque bajo el cual cada método hace su mayor contribución.

Enfoque de Educación Cristiana	Tipos de métodos y actividades
Conocimiento bíblico Su propósito fundamental es instruir sobre el contenido y el mensaje de la Biblia.	-**Expositivos**: conferencias, exposiciones cortas, «clase magistral», paneles, narración de historias bíblicas. -**Interactivos**: trabajo en grupos con guías de trabajo, discusiones dirigidas, debates, plenarias con tiempo para preguntas y respuestas, dramatizaciones, foros, juegos y actividades sobre conocimiento bíblico. -**Individualizados**: guías de preguntas para trabajo independiente, lecturas dirigidas, repetición y memorización, investigación en comentarios y diccionarios bíblicos, mapas, uso de la Internet.
Madurez cristiana Su propósito es promover prácticas devocionales, principios de ética cristiana y estilos de conducta que dan evidencia de la vida nueva que produce el mensaje de Jesucristo y la acción del Espíritu Santo en las personas.	-**Inter-personales**: grupos pequeños de oración, estudio de casos, análisis de videos y películas sobre temas de actualidad, entrevistas, diálogos sobre temas de interés, caminatas, establecimiento de compañero(a) de oración por períodos determinados, uso de collages, uso de dilemas éticos, análisis canciones populares. -**Intra-personales**: distintas formas de oración (p.ej., lectio divina), lectura devocional de la Biblia, lectura de biografías de personas ejemplares, mantener un diario, uso de cuestionarios, uso del laberinto o caminatas a solas, lecturas devocionales, creación de poemas, uso de himnos y cantos, distintas formas de expresión artística (p.ej., pintura, dibujo, escultura).
Comunidad de fe Su propósito es el de promover una identidad y un estilo particular de ser iglesia, a través de la participación de sus miembros en el culto y en toda clase de actividades que se realizan dentro y fuera del templo.	-**Vivenciales**: participación en el culto, comités, viajes de misión, actividades de evangelización, celebraciones especiales, actividades de servicio en la comunidad, actividades intergeneracionales (paseos, retiros, reuniones de grupos familiares), actividades de grupos según la edad o intereses particulares. -**Históricos**: estudio en grupo de documentos históricos (libros, cartas, diarios, anuarios, libros de acta, fotografías) , estudio en grupo de personajes de la iglesia en general y de la denominación e iglesia local en particular (p.ej., personas fundadoras de la iglesia), entrevistas a miembros con más años en la congregación. -**Bíblico-teológicos**: estudio sistemático de las doctrinas, ritos y prácticas de la iglesia; estudio crítico de doctrinas, ritos y prácticas de la iglesia a la luz de temas relevantes de actualidad.

Cambio social	
El propósito de este enfoque es capacitar a las personas miembros de una congregación para que, desde una perspectiva cristiana de amor y justicia, participen individual y colectivamente en la solución de los problemas y necesidades de su comunidad y de la sociedad en general.	**-Concientizadores:** estudio de las Escrituras desde la perspectiva de los más desfavorecidos en la sociedad (p.ej., los pobres, las mujeres, los indígenas, las personas extranjeras, ciertos grupos étnicos); visitas a lugares que presentan realidades y problemáticas sociales muchas veces desapercibidas; diálogo con personas de otros grupos étnicos, sociales y religiosos; discusión de obras de arte, documentales y películas de contenido social. **-Problematizadores:** estudio de las causas de los problemas que aquejan la sociedad, las instituciones, y los grupos humanos; lectura crítica de los medios de comunicación, de las instituciones (familia, iglesia, gobierno) y de los sistemas y creencias políticas y religiosas. **-Transformadores:** acciones de apoyo a grupos u organizaciones locales o nacionales que interceden por los derechos de los grupos más desprotegidos y necesitados de la sociedad; participación en grupos u organizaciones de la comunidad que luchan por ayudar a sectores que sufren rechazo en la comunidad (drogadictos, enfermos de Sida, personas encarceladas, inmigrantes); participación en grupos que buscan la protección del medio ambiente.

Tabla 1. Métodos y actividades de acuerdo a los cuatro enfoques de educación cristiana

Finalmente, tres conceptos que debemos recordar sobre el uso de métodos educativos. Primero, cualquiera que sean los métodos que usemos, debemos familiarizarnos con su uso, conocer sus procedimientos y el tipo de preparación e instrucciones que ellos requieren. Segundo, los métodos deben estar al nivel de la habilidad física y del desarrollo intelectual, emocional y espiritual de las personas con quienes los vamos a usar. Finalmente, las actividades en general y los métodos en particular deben adaptarse a la cantidad y calidad de recursos materiales y humanos con que contamos.

V. Un modelo de organización de actividades

Por lo general, los materiales de educación cristiana organizan las actividades de enseñanza y aprendizaje de acuerdo a distintos momentos del *encuentro educativo*. Existe una gran variedad de términos para llamar a cada uno de estos momentos, dependiendo de la visión educativa de la casa publicadora de los materiales. En uno de sus primero libros, Donald Griggs organiza el encuentro en cinco momentos: apertura, presentación, exploración, respuesta y cierre. Comparado con otros, yo prefiero estos términos porque me parecen que son más amplios y que no limitan lo que se debe hacer dentro de cada uno de los momentos del *encuentro*.

En realidad, todo *encuentro* consta de tres partes: introducción, desarrollo y conclusión. En el Diagrama 2 muestro como los cinco momentos propuestos originalmente por mi antiguo profesor pueden ubicarse dentro de estas tres partes. A la vez describo el tipo de actividades que pueden realizarse dentro de ellos. La única diferencia es que en lugar del término «respuesta» utilizo «aplicación». Éste será el modelo de organización de actividades que emplearé al final del capítulo, para ilustrar la manera en que se puede resumir todo el trabajo que se realiza a lo largo de la etapa de *decidir*.

(40-60 min)

Introducción
(10-15 min)

• **Apertura:** Momento del encuentro para hacer que las personas se sientan bienvenidas y crear un ambiente de confianza. En él se puede dar oportunidad para compartir motivos de alegría o de preocupación y para orar por alguna necesidad en particular. Se pueden dar avisos de actividades o situaciones que el grupo debe saber. También se puede aprovechar para repasar lo que se hizo en el encuentro anterior.
• **Presentación:** Momento para introducir la *idea central*. Puede hacerse a través de un breve comentario, con una pregunta, escuchando una canción o un himno, viendo un corto de un video o película, una dramatización, una lectura bíblica, relatando una historia pasada o un evento reciente.

Desarrollo
(25-35 min)

• **Exploración:** Momento para estudiar los distintos aspectos de la *idea central*. Puede realizarse una representación corta, seguida de un tiempo de discusión; trabajo en grupos pequeños; estudio de casos, estudio bíblico; análisis o comparación de conceptos o de documentos; ver y luego discutir un documental; realizar un debate; planteamiento de problemas. análisis de soluciones.
• **Aplicación:** Momento para apropiar y tratar de poner en práctica la *idea central*. Se deben realizar actividades que permitan a las personas expresar lo que piensan y sienten sobre el tema y el posible impacto en sus vidas, en la vida de la iglesia y de la comunidad. Se puede hacer trabajo en grupos pequeños con preguntas para guiar el diálogo, actividades artísticas colectivas e individuales, períodos de silencio para orar y escribir sobre lo aprendido, plantear acciones concretas dentro y fuera de la iglesia.

Conclusión (5-10 min)	•**Cierre**: Momento para resumir y reafirmar la *idea central*, y para celebrar lo aprendido. Se puede dar oportunidad para que las personas expresen lo aprendido y el desafío que eso representa, para proponer una acción concreta durante la semana. Puede usarse un canto o hacer una oración antes de despedir al grupo.

Diagrama 1. Cinco momentos del *encuentro educativo*

VI. DECIDIR LOS RECURSOS

Responder a esta pregunta nos permite identificar y reunir los recursos necesarios para el *encuentro educativo*. El tipo y cantidad de recursos dependerá de las actividades que queremos realizar. Así mismo, la realización de algunas actividades depende de los recursos humanos, económicos, y de espacio disponibles en una congregación. En esto radica la importancia que tiene esta pregunta, pues aunque diseñemos actividades excelentes, necesitamos asegurarnos que tenemos los recursos necesarios para realizarlas.

A. Recursos materiales

Por lo general, las iglesias proveen los recursos materiales mínimos para llevar a cabo nuestra enseñanza: «el libro del maestro» y «el libro del alumno», un salón o aula con sillas (y mesas en muchos casos), pizarras, papel de distintos colores y tamaños, lápices, cinta adhesiva, grapadoras, y otros materiales similares. Inclusive, algunas congregaciones cuentan con una biblioteca que tiene a disposición Biblias en distintas versiones, himnarios, diccionarios bíblicos y algunos comentarios bíblicos, entre otros tipos de literatura. Hoy, más y más congregaciones cuentan con computadoras y acceso a la Internet, y para más y más personas es relativamente fácil conseguir y utilizar grabadoras de sonido, cámaras digitales, proyectores, computadoras portátiles, reproductores de música y de video en DVD. Además, no podemos olvidar el acceso que tenemos a fotografías, caricaturas, noticias, historias de actualidad que proveen los periódicos y las revistas de todo tipo. Así que, en un sentido, el acceso a recursos materiales no es un problema o un obstáculo para la mayoría de maestros y maestras en la iglesia.

La clave de este paso está en conocer qué recursos vamos necesitar y los tengamos preparados antes de poner en práctica el *plan de enseñanza* del *encuentro*. Esto significa que los maestros y las maestras deben adquirir la disciplina de llegar temprano al lugar del *encuentro*, sobre todo cuando las actividades planeadas requieren el uso de equipo audiovisual, lo cual hace necesario llegar temprano para probar y practicar el uso del mismo. En estos casos, es igualmente necesario tener una segunda opción (un plan «B») en caso de que este equipo no funcione o no esté disponible a la hora que lo necesitemos.

B. Dos recursos intangibles

Existen dos recursos a los que, por ser intangibles, no les prestamos la debida atención: el tiempo y las preguntas.

1. El tiempo

El tiempo es un recurso que nos permite manejar y conducir el ritmo del *encuentro*. La mayor parte del *encuentro* debe dedicarse a las actividades de exploración y aplicación de la *idea central*, pero debemos ser flexibles y saber que, en ocasiones, unas actividades van a tomar más o menos tiempo de lo estimado. Esto requiere del maestro y la maestra una habilidad para intuir cuándo debe terminarse una actividad e, inclusive, cuándo es mejor prolongarla, aunque esto implique posponer o eliminar otra actividad durante el *encuentro*. Lo que hay que evitar es terminar de una manera apurada, sin la oportunidad de resumir y afirmar la *idea central* y sin despedir el grupo con una palabra de ánimo, un cántico o una oración.

2. Las preguntas

A menudo, Jesús utilizó preguntas como recurso para enseñar a sus discípulos y a la gente que le seguía (Lc 10:26, 36; 11:5-13). Las preguntas son un recurso pedagógico muy útil y no cuesta dinero; sólo tiempo para pensarlas y escribirlas. Entre otras cosas, ellas sirven para iniciar un diálogo, guiar una discusión, provocar nuevas maneras de pensar, invitar a la reflexión, analizar textos o eventos y confrontar acciones. En la tabla 2, ofrezco y explico ejemplos de tres tipos de preguntas que recomienda Donald Griggs.

Tres tipos de preguntas

De información	De interpretación	De identificación
•Permiten recordar o conocer información sobre cosas, personas, eventos, historias. Por lo general, sólo admiten una respuesta correcta. Son del tipo ¿qué? ¿quién? ¿dónde? ¿cuándo? ¿cómo? ¿cuánto? • Según Mt 6:5-15, *¿cuántas peticiones tiene la oración que conocemos como el Padrenuestro? *¿cuáles tienen que ver con las necesidades humanas? *¿qué dijo Jesús en cuanto a la manera en que debemos orar?	•Permiten el análisis de textos, eventos y conceptos, e invitan a expresar lo que las personas piensan. Admiten más de una respuesta, aunque unas pueden ser mejores que otras. Son del tipo ¿por qué? ¿qué piensa(n) usted(es) de...? ¿de qué otra manera se podría...? •Según Mt 6:5-15, *¿por qué las peticiones que tienen que ver con las necesidades humanas se expresan en primera persona plural? *¿qué importancia tiene el orden de las peticiones en la oración? *¿de qué tipo de recompensa habla Jesús en el verso 5?	•Permiten a las personas relacionarse directamente con la historia o la situación que se estudia. Admiten tantas respuestas como personas hay en el grupo. Son del tipo ¿qué hubiera hecho o dicho usted? ¿cómo se sentiría usted si...? ¿qué aspecto o personaje de la historia le agradó más, por qué? •Según Mt 6:5-15, *cuando usted ora, ¿en qué orden de prioridades hace sus peticiones a Dios? *¿cuál(es) petición(es) representa(n) un mayor desafío para usted? ¿por qué? *¿cómo podría aplicar a su vida de oración lo que hemos aprendido sobre este pasaje?

Tabla 2. Tipología de preguntas y su uso pedagógico

3. Recursos humanos

Los recursos humanos de todo *encuentro educativo* son el maestro o la maestra, y las personas que conforman su grupo. Cada persona, a su manera, contribuye con sus conocimientos, habilidades y experiencias. En ocasiones, otras personas son invitadas a participar en alguna actividad durante el *encuentro*. En una ocasión mi madre invitó a su «clase» a una mujer embarazada para que los niños y niñas, de edad preescolar, pudieran tocar su vientre y sentir el movimiento de la criatura. Fue en época de navidad, y la *idea central* del *encuentro* tuvo que ver con el hecho de que Jesús vino al mundo naciendo de una mujer. Recordemos que no son los recursos materiales los que enseñan sino las personas, y que la eficacia de nuestra enseñanza depende, en última instancia, del contacto humano, del diálogo respetuoso y del amor solidario que nos brindamos en cada *encuentro educativo* que tenemos.

VII. El plan del encuentro: Una visión de conjunto

En esta sección quiero mostrar cómo las respuestas a las cuatro preguntas, en conjunto, dan forma al *plan* del *encuentro educativo*. Para ello, en la tabla 3, ofrezco un *plan* para un *encuentro educativo* sobre la oración, utilizando los principios y prácticas que hemos presentado hasta aquí.

Plan del encuentro educativo

Grupo: Jóvenes y adultos
Título del encuentro: La oración que enseñó Jesús
Texto bíblico: Mateo 6:5-15

Idea central
 La oración que Jesús enseñó a sus discípulos es el modelo que guía a sus seguidores y seguidoras para saber por qué cosas orar y cómo orar. Debemos orar pidiendo primero por lo que Dios quiere: que su nombre sea santificado, que su reino venga y que su voluntad sea hecha en la tierra. Segundo, oramos por nuestras necesidades materiales (el pan de cada día) y espirituales (perdón y poder para vencer el mal). Tercero, debemos orar no sólo por nuestras necesidades personales, sino también por las de nuestro prójimo. Jesús nos invita a pedir por nuestro pan, nuestro perdón, nuestra liberación del poder del mal.

Objetivos: Durante el encuentro los participantes tendrán la oportunidad de:
 1. Recitar el Padrenuestro.
 2. Clasificar las peticiones en dos grupos, aquellas que tienen que ver con «las cosas de Dios» y aquellas que tienen que ver con «las cosas de los seres humanos».
 3. Discutir en grupos de tres personas por qué las peticiones que tienen que ver con «las cosas de Dios» están primero en la oración.
 4. Explicar, dando al menos dos razones, por qué las peticiones que tienen que ver con «las cosas de los seres humanos» están expresadas en primera persona plural.
 5. Evaluar su práctica de oración, en relación al orden de prioridad de nuestras peticiones y en relación a la presencia de nuestro prójimo en nuestras peticiones.
 6. Comprometerse a orar por las necesidades más urgentes de la familia, la iglesia y el mundo.

Tiempo, actividades y métodos - Recursos

Apertura -Dar la bienvenida, oportunidad para saludar a las visitas, y compartir motivos de oración y agradecimiento al Señor. Hacer oración. -Maestro(a) (5 min).

Presentación -Escuchar la versión cantada del Padrenuestro. Luego invitar a todo el grupo a decir el Padrenuestro. Grabadora con el canto y DVD (5 min).

Exploración -Leer el pasaje de Mateo 6:5-15 para poner en contexto la oración que Jesús enseñó a sus seguidores(as) (3 min).

-Biblias, papel y lápices (25 min).
-En grupos de 2 ó 3 personas clasificar las peticiones en los vv. 9-13.
-Trabajo en grupos bajo dos columnas, una que con el título «Dios» y otra con el título «Nosotros»
-Hoja con preguntas de reflexión (7 min).
-Contestar en los grupos las siguientes preguntas: ¿Por qué las peticiones bajo la columna «Dios» van primero? ¿Qué significa el hecho de que las peticiones bajo la columna «Nosotros» estén en primera persona plural? (15 min).

Aplicación -De manera individual, hacer una lista de las cosas por las que regularmente pedimos en oración -papel y lápices (8 min). Ubicar las peticiones bajo las columnas «Dios» y «Nosotros» -pizarra. Contestar la pregunta: ¿Qué notamos en cuánto al orden de prioridad y el tipo de peticiones que hacemos?

Cierre -Dar oportunidad para que algunas personas compartan sus respuestas con otras personas -participación de la actividad individual. De 2 a 3 personas (7 min).
-Hacer una lista de peticiones que tienen que ver con nuestras familias, -pizarra- para la iglesia y el mundo, para que las personas puedan incorporarlas en sus listas de oraciones durante la semana.
-Terminar orando al unísono el Padrenuestro. Todo el grupo.

Tabla 3. Un modelo de *plan* para un *encuentro educativo*

VIII. CONCLUSIÓN

Al completar la preparación del *plan* del *encuentro educativo*, estamos realizando una de las funciones primordiales de nuestro llamado a servir con gozo y responsabilidad en el ministerio educativo de la iglesia. Pero es necesario recordar que el crecimiento, la convicción, el arrepentimiento, la renovación y la transformación de las personas a quienes enseñamos, es trabajo del Espíritu de Dios. Según Pablo, «ni el que planta es algo, ni el que riega, sino Dios, que da el crecimiento» (1 Co 3:7). El Espíritu es quien nos guía a toda verdad, fructifica nuestros esfuerzos, y nos ayuda a crecer en medio de nuestras limitaciones y faltas. Además, debemos recordar la promesa de que dondequiera que hay dos o más personas reunidas en el nombre de Jesús, ahí él está (Mt 18:20), y nos acompaña en la tarea de discipular a la gente (Mt 28:20). Por eso, este trabajo arduo de planificación debemos hacerlo en su nombre y con gratitud a Dios (Col 3:17).

Hemos dicho que un *plan* funciona como un mapa: nos indica dónde estamos, a dónde queremos llegar, los lugares por donde hay que pasar y lo que necesitamos llevar. Empero, al igual que un mapa, el *plan* del *encuentro* no anticipa con qué circunstancias nos vamos a enfrentar, ni la condición o ánimo de las personas que encontraremos en el camino. Esto puede implicar atrasos o ajustes; pero también puede traer sorpresas y bendiciones no planeadas, descubrir nuevas rutas para llegar donde queremos o, inclusive, arribar a lugares aún más bellos que lo que habíamos planeado. Al igual que un mapa, un *plan* bien diseñado, puede ser usado por otras personas. Por lo tanto, debemos esforzarnos por escribir el *plan* del *encuentro* de tal manera que otras personas lo puedan entender y usar. Esto permite que, en caso de una emergencia que impida a un maestro o a una maestra asistir al *encuentro*, se le puede pedir a una persona con cierta experiencia que lo asuma sin que haya que improvisar completamente y sin que se deje de atender debidamente al grupo. Además, esto permite ir creando una serie de *planes* de enseñanza y aprendizaje que se pueden compilar y hasta publicar para beneficio de otros grupos e iglesias. El *plan* como en el caso de un mapa, nos sirve para evaluar por dónde vamos y a dónde llegamos. Este es precisamente el tema a tratar en el último capítulo.

8

Etapa III: Evaluar la eficacia del plan educativo

Sócrates, filósofo griego, dijo una vez que «una vida que no se examina no vale la pena vivirla». Para él, el no hacer esto es vivir irresponsablemente. Desde esa perspectiva, podemos afirmar que poner en práctica un plan educativo en la iglesia y no tomar tiempo para evaluar sus resultados es también un acto irresponsable. En el capítulo 4 explicamos la importancia de esta tercera etapa del proceso de planificación educativa. Lo que corresponde ahora es explicar su aplicación al caso particular del *encuentro educativo*.

I. ¿Cuándo evaluar?

En esta última etapa del proceso de planificación del *encuentro educativo*, la tarea del maestro y la maestra es evaluar la eficacia en la ejecución del *plan* y los resultados obtenidos. Como se indica en el diagrama 1, esta etapa consiste en determinar, primero, si el *plan*, conforme se va ejecutando, está logrando el efecto que se desea en cada una de sus etapas y, segundo, cómo se desarrolló una vez finalizado. Durante la «evaluación formativa» debemos preguntarnos: «¿cómo va el encuentro?», «¿cómo van saliendo las cosas?». Este paso debe realizarse a lo largo de todo el *encuentro*.

Esta evaluación nos permite hacer ajustes, modificaciones y hasta cambios al *plan* durante el proceso de enseñanza.

Evaluar -cómo se está desarrollando el plan -cómo se desarrolló el plan una vez planteado	• «Evaluación formativa»: permite hacer ajustes, modificaciones o cambios conforme el plan de enseñanza se va ejecutando. • «Evaluación sumativa»: permite determinar si se lograron los objetivos y valorar la eficacia de los métodos, recursos y la participación del maestro(a) y de las personas en el grupo.

Diagrama 1. Tercera etapa del planeamiento del *encuentro educativo*

Una vez terminado el *encuentro educativo*, el maestro y la maestra deben evaluar en qué medida la ejecución del *plan* de enseñanza contribuyó al logro de los objetivos. Esta es la «evaluación sumativa» en la que preguntamos: «¿cómo estuvo el encuentro?», «¿cómo salieron las cosas?». Se trata de ver cuánto y cómo la suma de todos los componentes del *plan* aportaron al cumplimiento total o parcial de los objetivos y de las actividades del *encuentro*. La función del maestro y de la maestra no termina cuando alguien indica que el tiempo de la escuela dominical ya acabó, o cuando despedimos el grupo donde quiera que nos hayamos reunido. Tan pronto como sea posible, después de finalizado el *encuentro*, debemos realizar esta «evaluación sumativa». Como explicamos en el capítulo 4, este tipo de evaluación provee información importante que debe tomarse en cuenta en la etapa de *discernir* el nuevo ciclo de planificación para el siguiente *encuentro*.

II. ¿QUÉ EVALUAR?

La «evaluación formativa» tiene que ver con todo lo que sucede durante el *encuentro*. En particular, se debe prestar atención a las situaciones inesperadas que surgen y que deben atenderse de manera inmediata con tacto, amor y firmeza. Entre las situaciones más comunes están las siguientes:

> ➤ Expresiones verbales y no verbales de las personas en el grupo que indican sus reacciones a lo que está sucediendo; p.ej., mucho interés o rechazo, claridad o confusión, acuerdo o desacuerdo;

➤ Preguntas o situaciones que emergen en el contexto particular de la iglesia o de la sociedad en general (p.ej., un conflicto o necesidad interna en la congregación, o una situación que está afectando a la comunidad o al país);

➤ Circunstancias personales que afectan a alguien del grupo y que requieren atención e inclusive oración (p.ej., muerte de un ser querido, notificación sobre una enfermedad o pérdida de empleo de un miembro del grupo);

➤ Un evento que interrumpe la realización normal de las actividades (p.ej., alguien cae enfermo, se pierde el fluido eléctrico, alguien llega buscando a otra persona o para dar un aviso importante);

➤ Mal funcionamiento del equipo electrónico que se esperaba utilizar en alguna de las actividades.

A la luz de estas situaciones, la persona que enseña debe estar dispuesta a hacer los cambios necesarios para atender a las necesidades e intereses que surgen en el grupo. Esos cambios pueden requerir un ajuste en el enfoque de los contenidos del *encuentro*, o un orden distinto de las actividades, o la eliminación de alguna parte del *plan* original. Las personas siempre son más importantes que el *plan* escrito. En palabras de Jesús: «el sábado fue hecho por causa del hombre, y no el hombre por causa del sábado» (Mr 2:27).

Por supuesto, atender y ser sensible a las distintas situaciones que pueden surgir durante un *encuentro educativo* no significa que siempre hay que abandonar la idea central y los objetivos planeados para el mismo. Por ejemplo, cuando alguien se sale del tema, monopoliza la conversación o actúa para llamar la atención, quien enseña debe tener la capacidad de retomar la situación y encauzar la dinámica del *encuentro* hacia los objetivos planeados para beneficio de todo el grupo. El maestro y la maestra deben dejarse guiar por el Espíritu, por su propia experiencia y por su conocimiento de las personas que conforman su grupo para determinar el momento oportuno y el tipo de ajustes o modificaciones que deben hacerse durante el *encuentro*.

En cuanto a la «evaluación sumativa», en el capítulo 4 adelantamos los componentes que deben evaluarse. En la tabla 1 presento nuevamente esos componentes educativos y el tipo de preguntas que debemos contestar al final de cada *encuentro educativo*. Aunque la cantidad de preguntas parece larga, con la práctica, ellas emergen de manera cada vez más natural e intuitiva. Es importante tomar nota de aquellos aspectos que sobresalieron durante el *encuentro* pues es fácil olvidar lo que no escribimos. Por eso, insistimos, la evaluación debe hacerse tan pronto como se pueda una vez finalizado el *encuentro educativo*.

Evaluación sumativa	
Componentes educativos	**Preguntas**
Contenidos	-¿Se cubrieron todas las ideas sobre el tema que se planearon para el encuentro? -¿Se estudiaron todos los aspectos del tema al nivel de profundidad que se planeó? -¿Fueron apropiados para la edad y experiencia del grupo? -¿Hubo ideas que despertaron interés, resistencia o conflicto? -¿Hubo preguntas que quedaron sin responder?
Objetivos	-¿Describieron acciones que los participantes debían hacer para aprender los contenidos propuestos? -¿Lograron un balance entre las capacidades de pensar, sentir, y actuar de las personas? -¿Involucraron una variedad de «inteligencias múltiples»?
Actividades/ métodos	-¿Fueron apropiadas para la edad del grupo? -¿Ayudaron al logro de los objetivos? -¿Se les asignó el tiempo apropiado para su realización? -¿Se organizaron en el orden adecuado? -¿Fueron bien dirigidas por la(s) persona(s) encargada(s)?
Recursos	-¿Fueron suficientes para el número de participantes en el grupo? -¿Fueron apropiados para el tipo de contenido y objetivos propuestos? -¿Fueron atractivos y/o despertaron el interés de los participantes?
Papel del maestro y/o de la maestra	-¿Promoví la participación de todas las personas en el grupo? -¿Fui respetuoso(a) de las ideas y sentimientos expresados por distintas personas? -¿Me mostré/sentí preparado(a) para el *encuentro*? -¿Noté la ausencia de personas del grupo y reconocí la presencia de visitantes? -¿Me comprometí a hacer algo antes del siguiente *encuentro*?

Papel de los y las participantes	-¿Quiénes estuvieron ausentes? -¿Estuvieron apáticos o interesados? -¿Expresaron preguntas que quedaron sin responder? -¿Expresaron preocupaciones o situaciones personales que ameritan oración y seguimiento pastoral (de parte del líder o del pastor o pastora)?

Tabla 1. Preguntas para usar en la «evaluación sumativa» del *encuentro educativo*

III. ¿QUIÉNES EVALÚAN?

Cuando una sola persona es responsable del *encuentro educativo*, ella es la encargada de realizar tanto la «evaluación formativa» como la «evaluación sumativa». Mi recomendación es que, de cuando en cuando, ella invite a otra persona a observarle durante un *encuentro educativo* y luego juntas hacer la «evaluación sumativa». Si la responsabilidad de enseñar es compartida, las personas encargadas deben realizar la evaluación del *encuentro* conjuntamente. En el paso de la «evaluación formativa», responder a las situaciones que surgen es responsabilidad de la persona a cargo del *encuentro* ese día. En el paso de la «evaluación sumativa» debe existir suficiente confianza en el equipo de maestras y maestros para opinar con sinceridad y de manera constructiva sobre lo que sucedió en el *encuentro.*

Todas las personas miembros de un grupo deben tener la oportunidad de expresar lo que sienten o piensan de lo que se está haciendo y de lo que se hizo en el *encuentro.* El maestro y la maestra no son las únicas personas que evalúan el proceso educativo. La persona que enseña debe estar dispuesta a escuchar qué piensan otras personas sobre su trabajo y su relación con ellas. Fue lo que hizo Jesús cuando les preguntó a sus discípulos qué pensaba la gente y qué pensaban ellos mismos sobre quién era él (Mt 16:13-16).

IV. ¿CÓMO EVALUAR?

Varias son las cosas que deben hacer el maestro y la maestra para realizar esta etapa de una manera efectiva: prepararse bien para el *encuentro*, observar y hacer preguntas, dar seguimiento a lo sucedido en encuentros anteriores y evaluar con la ayuda de otras personas.

A. Prepararse bien

Cuando la persona que enseña tiene claro qué, cómo, cuándo y con qué va a enseñar, está alerta a lo que sucede a su alrededor durante el *encuentro*, pues no tiene que estar pendiente del «libro del maestro» ni preocupada por saber qué actividad sigue o qué tiene que decir. Un maestro o una maestra que dirige el encuentro educativo leyendo constantemente su manual, no sólo pierde contacto visual con su grupo sino que corre el peligro de perder el control total del *encuentro educativo*.

B. Observar

Es fundamental observar con atención y empatía las expresiones verbales y no-verbales de las personas, pues ellas revelan qué están sintiendo sobre lo que se está haciendo o diciendo, o indican que alguien tiene deseos de decir o hacer algo. Aunque dar oportunidad a las personas que se expresen envuelve riesgos (p.ej., de salirse del tema o que alguien quiera monopolizar la conversación), es mayor el riesgo de no ser sensibles a lo que puede ser algo importante tanto para la persona que quiere compartir lo que siente y piensa como para el crecimiento y beneficio de todo el grupo. Ya explicamos arriba qué se debe evaluar en la «evaluación formativa» y nos referimos al tipo de situaciones que pueden surgir durante un *encuentro* y a las que debemos estar atentos a responder.

C. Hacer preguntas

Sea durante o después del *encuentro*, hacer preguntas nos puede ayudar a saber lo que sienten y piensan las personas. Por ejemplo, durante el encuentro podemos preguntar: ¿me estoy explicando bien?, ¿necesito explicar más algún aspecto del tema?, ¿consideran que debo repetir o dar un nuevo ejemplo?, ¿necesito repetir o aclarar las instrucciones?, ¿qué piensan de lo que he dicho (o hecho) hasta aquí? Este tipo de preguntas y la manera de plantearlas juegan un papel muy importante durante la «evaluación formativa». Primero, porque abren el espacio para que las personas se expresen y nos ayuden a saber si estamos logrando los objetivos del *encuentro*. Segundo, porque al plantear las preguntas de esta manera ponemos la responsabilidad en la persona que enseña y no en la que aprende, lo cual posibilita una mejor actitud de las personas para responder.

Después del *encuentro* también debemos hacer preguntas, sobre todo si hubo algo de confusión o conflicto. Esta «evaluación sumativa» se puede hacer con todo el grupo haciendo preguntas como las siguientes: ¿qué les pareció el tema de hoy?, ¿qué les gustó más (o menos) del *encuentro*?, ¿tienen alguna sugerencia para el próximo *encuentro*? Estas mismas preguntas las podemos hacer a algunas personas conforme nos despedimos de ellas. También, durante la semana, podemos hacer estas preguntas en encuentros informales con miembros del grupo o a través de visitas o llamadas intencionales. En la tabla 2 resumo las preguntas que he ofrecido para ilustrar los dos tipos de evaluación involucrados en esta etapa.

Evaluación formativa	Evaluación sumativa
-¿me estoy explicando bien? ¿necesito explicar más algún aspecto del tema? -¿consideran que debo repetir o dar un nuevo ejemplo? -¿necesito repetir o aclarar las instrucciones? -¿qué piensan de lo que he dicho (o hecho) hasta aquí?	-¿qué les pareció el tema de hoy? (¿estuvo claro, confuso, conflictivo, interesante, provocador, pertinente?) -¿qué les gustó más (o menos) del *encuentro*? -¿tienen alguna sugerencia para el próximo *encuentro*? (p.ej., sobre el contenido, las actividades, los recursos)

Tabla 2. Preguntas para la evaluación formativa y sumativa del *encuentro educativo*

D. Dar seguimiento

Relacionado con el punto anterior, debemos dar seguimiento a las cosas que quedaron sin atender o sin resolver durante el último *encuentro*. Hay ocasiones en las que las personas hacen preguntas para las que no tenemos respuesta en el momento o que, por el tipo de pregunta, no es conveniente responderla delante de todo el grupo. En el primer caso, tomamos nota de la pregunta nos comprometemos a indagar la mejor respuesta posible para compartirla con todo el grupo en el próximo *encuentro* (si es de interés general) o para comunicarla a la persona que hizo la pregunta (si es de interés muy particular). En el segundo caso, podemos llamar o visitar a la persona y compartir en privado nuestra respuesta u opinión sobre su pregunta. Si la pregunta amerita que otra persona intervenga (p.ej., el pastor o pastora de la iglesia, el padre o la madre) debemos recomendar a quien hizo la pregunta que hable con la persona que mejor la puede ayudar.

También, hay ocasiones en las que percibimos que alguien en el grupo no sintió la confianza de expresar sus opiniones o simplemente no quiso hacerlo, aún cuando fue evidente (para el maestro o la maestra al menos) que hubo desacuerdo o molestia en esa persona. Esto sucede especialmente si el grupo es grande o si las personas que lo componen no se conocen bien. En este caso, conviene tratar de hablar aparte con ella, llamarla o visitarla. Así la persona tendrá una nueva oportunidad para expresar lo que siente y piensa y el maestro o la maestra podrá demostrar que no es indiferente a lo que piensan y sienten sus discípulos y discípulas. Por supuesto, esto requiere tacto y saber cómo plantear la conversación.

E. En compañía

Si es posible, es importante que realicemos esta etapa «en compañía», es decir, con la ayuda de otras personas. Ya mencioné antes sobre la importancia de que participen tanto las personas miembros del grupo a quien enseñamos como otros maestros y otras maestras con quienes enseñamos. Quienes enseñamos tenemos las mismas limitaciones que tienen todas las personas: no lo sabemos todo, no lo entendemos todo, tenemos nuestro propio punto de vista de las cosas y no siempre hacemos todo bien o de la mejor manera. Por eso necesitamos de lo que otras personas saben, entienden, observan, de sus puntos de vista y, de su crítica constructiva.

V. ¿PARA QUÉ EVALUAR?

Como hemos dejado entrever a lo largo de este capítulo, los dos tipos de evaluación que se realizan en esta etapa no tienen el propósito de señalar lo que está mal ni de buscar culpables de lo que no se ha hecho bien. Al contrario, entendemos esta etapa como una oportunidad de promover acciones positivas: (1) hacer cambios que nos lleven a hacer mejor las cosas y a responder mejor a las situaciones que se nos presentan en un *encuentro educativo*; (2) celebrar el buen trabajo que estamos realizando e inspirarnos en él; y (3) brindar una oportunidad de capacitación para quienes enseñamos y de aquellos que quieren enseñar en el programa educativo de la iglesia. Veamos.

1. Para hacer ajustes y cambios

La «evaluación formativa» se realiza para hacer ajustes, modificaciones, o cambios durante la ejecución misma del *plan* de enseñanza. Ella permite a quien enseña hacer modificaciones en el enfoque de la idea central o en el tipo de actividades del *encuentro* para lograr mejor los objetivos planteados. En ocasiones, la «evaluación formativa» también nos permite cambiar completamente la idea central, objetivos y actividades del *encuentro*, cuando es claro que satisfacer las necesidades e intereses del grupo es lo más importante y urgente. La «evaluación sumativa» se realiza también para determinar si es necesario hacer ajustes o cambios pero esta vez en relación al próximo *encuentro*. Este tipo de evaluación sirve de enlace entre un *encuentro* y otro al formar parte del repaso que hay que hacer en la primera etapa de la planificación del siguiente *encuentro*. Si tomamos el debido tiempo y cuidado a contestar las preguntas de la tabla 1, seremos capaces de determinar la naturaleza de los cambios que se necesitan para hacer más efectiva nuestra enseñanza.

2. **Para celebrar**

Evaluamos no sólo para determinar qué hay que mejorar sino también para celebrar, para gozarnos e inspirarnos en todo aquello que hemos hecho y estamos haciendo bien. La «evaluación formativa» nos permite sentir la satisfacción de ver que «las cosas van bien», de que el trabajo realizado en las etapas previas del proceso de planificación está dando fruto. Por su parte, «la evaluación sumativa» nos permite sentir la satisfacción de que el *encuentro* «salió bien» y que nuestros esfuerzos, con la ayuda de Dios, dieron su fruto; unas veces al treinta, otras al sesenta y otras al ciento por ciento, pero que al fin y al cabo hubo fruto (Mr 4:20). Esa satisfacción tiene un efecto motivador, tanto para quienes enseñan como para quienes aprenden. Por un lado, quienes enseñamos nos sentimos motivados al observar el interés y la participación de nuestros discípulos y discípulas en los temas y las actividades que hemos preparado para su aprendizaje. Y esto hay que reconocerlo, con frases como las siguientes: ¡bien hecho!, ¡muy buena observación!, ¡gracias por participar!, ¡excelente pregunta!, y ¡esa es una valiosa idea! Por otro lado, quienes aprenden se sienten motivados de ver el gozo y la responsabilidad con que sus maestros y maestras asumen su ministerio de enseñar. Por lo que no debe sorprendernos escuchar comentarios o expresiones como las siguientes: ¡me gustó mucho «la clase»!, ¡nos puso a pensar!, ¡me gustaría saber más de ese tema!, ¡qué actividad más interesante!, ¡lo que usted dijo «me tocó»! y ¡lo que hicimos hoy nos desafió!

3. Para descubrir áreas de capacitación

Tanto la evaluación formativa como sumativa nos permiten darnos cuenta sobre aquellas áreas en que debemos mejorar o sobre las que necesitamos aprender más. Estas áreas van desde el conocimiento de las etapas del proceso de planificación de un *encuentro educativo* hasta la necesidad de mayor conocimiento bíblico, desde cómo usar un retroproyector hasta la necesidad de conocer más sobre la historia y la teología de la iglesia local. Así, durante la «evaluación formativa» podemos darnos cuenta de que nos falta mayor precisión a la hora de dar instrucciones, o que necesitamos un mayor repertorio de actividades y métodos educativos, o que debemos ampliar nuestro conocimiento sobre interpretación bíblica. Igualmente, durante la «evaluación sumativa» podemos confirmar o descubrir necesidades similares. Podemos descubrir que, aunque hay grupos de personas que comparten características físicas y emocionales similares, eso no quiere decir que todas ellas gustan hacer las mismas cosas. Por lo tanto, no debemos asumir que a todos los niños y las niñas de edad escolar les gusta colorear, o asumir que las personas mayores no están dispuestas a participar en actividades de enseñanza que requieren algún tipo de movimiento o expresión artística. Este descubrimiento representa una oportunidad para aprender más sobre las características generales de las personas según su edad, pero también una oportunidad para aprender más sobre las habilidades e intereses particulares de las personas que conforman el grupo al que enseñamos.

En esta etapa también podemos descubrir aspectos de la enseñanza que nos interesan de manera especial y que nos apasionan. Por eso no es de extrañar que muchos maestros y maestras de educación cristiana busquen oportunidades de capacitación dentro y fuera de la iglesia e, inclusive, quieran estudiar de manera más formal en institutos bíblicos o seminarios. En el diagrama 2 presento una serie de aspectos que considero esenciales que los maestros y maestras conozcan. Ellos corresponden a los cuatro componentes básicos de todo *encuentro educativo*: quienes enseñan, quienes aprenden, lo que se enseña y cómo se enseña y aprende.

En relación a quienes enseñan

-Prácticas de desarrollo espiritual
-Teoría y práctica del planteamiento educativo
-Funciones educativas: guía, facilitador(a), modelo, consejero(a), planificador(a), amigo(a), intréprete, catalizador(a), estudiante
-Fundamentos bíblicos y teológicos de la educación cristiana
-Conocimiento de nuestra propio trasfondo y nuestra propia identidad cultural, familiar y eclesial
-Cómo hacer análisis de problemáticas sociales en la comunidad

En relación a quienes aprenden

-Características físicas, emocionales, intelectuales, espirituales de acuerdo a las distintas etapas de desarrollo humano
-Psicología y pedagogía del aprendizaje (p. ej. teoría y práctica de las inteligencias múltiples)
-Conocimiento de su trasfondo e identidad cultural, familiar y eclesial
-Conocimiento de su contexto de vida familiar, social e institucional
-Intereses y habilidades particulares

Áreas de capacitación para maestros y maestras en el ministerio educativo de la iglesia

En relación a lo que se enseña

-Cómo utilizar la Biblia con grupos de distintas edades
-Conocimiento básico del contenido y mensaje de la Biblia
-Principios de interpretación bíblica
-Conocimiento de la historia general de la iglesia (universal, denominacional, local)
-Fundamentos de teología y ética cristiana
-Cómo seleccionar currículo para la educación cristiana

En relación a cómo se enseña y aprende

-Conocer una variedad de métodos educativos: cómo contar historias, dirigir discusiones, organizar debates, dar conferencias hacer preguntas dirigir proyectos de acción y reflexión
-Métodos de estudio bíblico: inductivo, deductivo, vivencial, devocional
-Uso de las artes en la educación (drama, música, pintura, escultura, literatura)
-Uso de las tecnologías de información en educación (p. ej., la Internet)
-Uso eficaz de medios audio-visuales (p. ej., pizarra, carteles, fotografías, caricaturas, proyectores, grabadoras, computadoras)

Diagrama 2. Áreas de capacitación para el ministerio educativo en la iglesia

Por último, aunque no es frecuente que se haga en las iglesias, debemos aprovechar esta etapa para capacitar a las personas que están comenzando a enseñar o que sienten el llamado para hacerlo. Una manera de capacitar a jóvenes y señoritas y a otras personas adultas, es dejándonos «acompañar» por ellas a lo largo del proceso de planificación del *encuentro,* permitiendo que nos observen enseñar el *plan* que hemos preparado, y pidiéndoles que participen en la evaluación sumativa una vez concluido el mismo. Podemos encargarles ciertas responsabilidades dentro del *encuentro* y ofrecerles ayuda y sugerencias oportunas, hasta que lleguen a tener la confianza necesaria y el conocimiento mínimo para comenzar a enseñar todo un *encuentro* por sí mismos o sí mismas. Esta es la manera ideal de enseñar a otras personas cómo enseñar en el contexto de la congregación. De esta forma, estaremos respondiendo a la necesidad de la iglesia de contar siempre con maestros y maestras para servir en su ministerio educativo.

VI. CONCLUSIÓN

Esta etapa nos recuerda que la responsabilidad del maestro y la maestra no termina cuando se nos indica el final de la escuela dominical, ni con el reloj que señala que es hora de terminar el *encuentro,* cualquiera que haya sido el lugar de reunión. Con esta etapa tomamos consciencia de cuán importante es lo que hacemos antes, durante y después de todo *encuentro educativo.* Al evaluar su trabajo, quienes enseñan descubren áreas en las que necesitan más capacitación. Esto permite que las personas responsables del programa educativo de una iglesia, incluyendo a su pastora o pastor, puedan desarrollar programas de capacitación para todas aquellas personas involucradas en la educación cristiana en su iglesia, lo cual es vital para el desarrollo de un ministerio educativo efectivo en toda congregación. Finalmente, esta etapa nos permite encontrar muchas razones para experimentar el gozo que da servir en el ministerio educativo de la iglesia.

9

Conclusión

Y yo estoy con vosotros todos los días, hasta el fin del mundo.
(Mateo 28:20b)

En 1976, el educador cristiano John Westerhoff III escribió un libro titulado *¿Tendrán fe nuestros hijos?* Esta pregunta debemos hacérnosla constantemente quienes somos responsables por la educación cristiana de las nuevas generaciones de seguidores y seguidoras del mensaje de Jesús.

A lo largo del libro expresamos la convicción de que nuestros hijos e hijas tendrán fe si entendemos que todo lo que se hace en la iglesia educa y si entendemos que el ministerio educativo de la iglesia es mucho más que la actividad de la escuela bíblica dominical y mucho más que el culto de adoración y de predicación. También afirmamos que la continuidad y desarrollo de la iglesia y su obediencia al mensaje de Jesús dependen, en gran medida, de cómo llevamos a cabo el ministerio de la educación cristiana. Insistimos en la necesidad y urgencia de que pastores y pastoras, maestras y maestros tomen más en serio la planificación del ministerio educativo de la congregación. Por eso dedicamos la mayor parte del libro a explicar e ilustrar cómo esa planificación se puede hacer de manera más eficaz.

A lo largo del libro, tratamos de responder a otra pregunta similar e igualmente pertinente: ¿Qué fe es la que tendrán nuestros hijos y nuestras hijas? Afirmamos que la fe que queremos que nuestros hijos e hijas tengan es una fe que se demuestra en formas de pensar, hablar y actuar en el mundo de acuerdo a la persona de Jesús y su mensaje del reino de Dios. Es una fe que se aprende y se vive en el contexto del hogar y en el contexto de la comunidad de fe. Es una fe que se relaciona con las realidades del mundo en que vivimos. Por la misma razón, planteamos que la fe que tengan nuestros hijos y nuestras hijas debe ser alimentada y promovida por una educación cristiana que busca un balance entre el conocimiento bíblico y teológico, el crecimiento en la vida cristiana, la vivencia de esa fe en el contexto de la iglesia local, y el testimonio de una fe que se manifiesta en obras de amor y justicia en el contexto social que les rodea.

Y es precisamente a la luz del contexto social tan complejo que nos rodea que debemos preguntar: dentro de veinte o treinta años ¿tendrán discípulos y discípulas las iglesias que hoy confiesan su fe Jesucristo? Dar una respuesta positiva a esta pregunta depende de si las personas responsables de educar en el hogar y en la iglesia se avocan a pensar su fe a la luz de los desafíos que la sociedad nos presenta y de si se comprometen a responder a esos desafíos a partir de su fe.

Muchas iglesias enfrentan hoy el desafío de tener cada vez menos miembros jóvenes y cada vez más miembros de edad avanzada. Por eso, dijimos que en las iglesias donde no se conecta el mensaje de fe con la vida diaria existe un creciente desencanto entre jóvenes y personas adultas que los ha hecho abandonar su fe y sus congregaciones, buscando otros tipos de relaciones y actividades en otras partes. Los cambios en la estructura familiar también presenta un desafío para los líderes de la iglesia. Ya no podemos asumir que siempre hay un padre, una madre y luego hijos e hijas viviendo bajo un mismo techo. Los hogares son cada vez más afectados por factores externos de los que tenemos poco o ningún control (p.ej., la influencia de compañeros y compañeras en el barrio y la escuela, la influencia de la televisión y de la Internet, la difícil situación económica que estamos enfrentando todas las familias al momento mismo de escribir este libro).

Hoy el consenso general entre muchos educadores cristianos es que estamos enfrentando fenómenos globales que demandan prestar mayor atención a lo que hacemos en la educación cristiana. Así, por ejemplo, el acceso cada vez más fácil y común a medios de transporte (terrestre y aéreo) y a los medios de comunicación (televisión e Internet) hace que vivamos, inevitablemente, en medio de un contexto social que es crecientemente multicultural, multireligioso y multiétnico, especialmente en los países con mayor desarrollo económico. El mundo se convirtió en una aldea global en la que tenemos que vivir y aprender a convivir al lado de personas y grupos humanos muy diferentes a nosotros. Hoy más que nunca, necesitamos entender que dependemos de los esfuerzos de todas las personas para vivir en paz, sin importar su raza, etnia o religión. Hoy más que nunca, necesitamos entender que el futuro de toda la humanidad depende de lo que le hacemos a nuestro planeta, esa nave cósmica común en la que viajamos en el universo. Todo esto nos desafía a repensar nuestra identidad como pueblo de Dios y nuestro accionar en el mundo.

En medio de esta realidad de fenómenos sociales y globales tenemos que reconocer que, especialmente en tiempos de crisis económica y conflictos políticos, se despiertan o incrementan conflictos y formas variadas de discriminación entre distintos grupos humanos. Además de la realidad del pecado personal, vivimos en medio de la realidad del pecado social de la discriminación en sus distintas expresiones (racial, cultural, religiosa, económica, sexual, y generacional). La Iglesia, como pueblo de Dios, no puede estar ajena a estas realidades. Al contrario, es en medio de ellas que hemos sido llamados y llamadas a «ser luz y sal» en el mundo (Mt 5:13-16). La Iglesia, como cuerpo de Jesucristo en la tierra, si ha de sobrevivir en medio de esas realidades, si ha de desarrollarse a pesar de ellas, y si ha de ser obediente al mensaje del evangelio de Jesucristo de cara a ellas, no tiene otra opción más que tratar de entenderlas y asumirlas en todo lo que hace, particularmente en su ministerio educativo. Nuestra respuesta a las preguntas *¿tendrán fe nuestros hijos e hijas?*, *¿qué fe es la que tendrán nuestros hijos e hijas?*, *¿continuará nuestra fe en Jesucristo teniendo discípulos y discípulas en el mundo?* será positiva si, como hemos argumentado a lo largo de todo el libro, las personas responsables de la educación cristiana en la iglesia asumen ese ministerio con gozo y responsabilidad. El proceso de planificación educativa que hemos explicado e ilustrado no pretende ser la varita mágica que resuelve todos los problemas o responde a todas necesidades de la educación cristiana de las iglesias en los inicios de este siglo XXI. Pero creemos que este proceso es un punto de partida para descubrir maneras nuevas de entender la educación cristiana y para realizarla de una manera más eficaz. Al fin y al cabo, este libro sólo pretende ser una invitación a quienes sirven en el ministerio educativo de sus iglesias a tomar en serio el último mandato que Jesús dio a sus primeros discípulos, y en ellos, a todos sus seguidores y seguidoras de todos los tiempos y en todas partes.

Termino esta invitación indicando tres convicciones que deben avivar nuestra esperanza y renovar nuestro compromiso educativo en medio de los desafíos que enfrentan las iglesias hoy día. La primera es la convicción, compartida por muchos pastores y educadores cristianos, de que ninguna otra área de la vida de una iglesia contribuye más al desarrollo de la fe de todos sus miembros que la educación cristiana, cuando ésta se planifica con seriedad e integridad. La segunda es nuestra convicción de que si las personas encargadas de la escuela dominical se involucran y asumen con integridad el ministerio educativo, mayores serán las posibilidades de desarrollo de todos los aspectos de la vida y misión de sus iglesias. Finalmente, tenemos la convicción de una promesa hecha hace dos mil años: no estamos solos en nuestra tarea de hacer discípulos y discípulas. Jesús, nuestro Maestro y Señor, prometió estar con nosotros «todos los días, hasta al fin del mundo» (Mt 28:20). Seguros de esa promesa, ¡manos a la obra!

Bibliografía básica recomendada

En español

Paulo Freire. *Pedagogía del oprimido.* (México: Editorial Siglo XXI, 1970).

Pablo A. Jiménez. *Principios de Educación Cristiana.* (Nashville: Abingdon Press, 2003).

Roberto Pazmiño. *Principios y prácticas de la educación cristiana: Una perspectiva evangélica.* (Miami: Editorial Caribe, 1995).

John Westerhoff III. *¿Tendrán fe nuestros hijos?* (Buenos Aires: Editorial La Aurora, 1978).

En inglés

Thomas Armstrong. *Multiple Intelligences in the Classroom.* (Alexandria, VA: ASCD, 2000).

Donald Griggs. *Teaching Today's Teachers To Teach* (Nashville: Abingdon Press, 2003).

Jack Seymour (editor). *Mapping Christian Education.* (Nashville: Abingdon Press, 2003).

Karen Tye. *Basics of Christian Education* (Nashville: Abingdon Press, 2003).

LaVergne, TN USA
09 July 2010
188853LV00004B/2/P